U0904650

◆
齐鲁圣贤语录
马新主编
◆

墨子语录

李吉东 编著

山东大学出版社

图书在版编目(CIP)数据

墨子语录/李吉东编著.—济南:山东大学出版社,
2016.7
(齐鲁圣贤语录/马新主编)
ISBN 978-7-5607-5584-7

Ⅰ.①墨…　Ⅱ.①李…　Ⅲ.①墨翟(前468-前376)
—语录　Ⅳ.①B224.5

中国版本图书馆CIP数据核字(2016)第176267号

责任编辑:马银川
封面设计:牛　钧

出版发行:山东大学出版社
社　址　山东省济南市山大南路20号
邮　编　250100
电　话　市场部(0531)88364466
经　销:山东省新华书店
印　刷:山东华鑫天成印刷有限公司
规　格:787毫米×1092毫米　1/32
4.75印张　80千字
版　次:2016年7月第1版
印　次:2016年7月第1次印刷
定　价:12.00元

本书系山东省古籍整理项目“齐鲁文化经典研究”、齐鲁文化名家立项课题“走进齐鲁经典文化”结项成果

《齐鲁圣贤语录》
课题组

课题组负责人 马　新

课 题 组 成 员 （以姓氏笔画为序）

马　新　马德青　王玉喜　巩宝平

刘厚琴　李吉东　李学娟　吴　云

陈以凤　校　潇　郭　浩　郭海燕

总序

所谓语录，就是对圣贤哲人言论的撷录，或只言片语，或精妙短论，虽为吉光片羽，但无一不是其思想之精华，足以让我们走近圣者，与之对话，聆取教诲。这套《齐鲁圣贤语录》，就是对春秋战国时代齐鲁圣贤言论的撷录。

齐鲁之邦，钟灵毓秀，圣贤辈出。自齐太公姜尚以来，生于斯、活跃于斯者粲然可观。春秋时代，有管子、孔子、晏子、孙子；战国时代，有荀子、孟子、庄子、孟子、孙膑，还有吴起、公孙衍、许行、慎到、扁鹊、甘德，等等，不一而论。秦汉以后，至于近代，同样是不绝于缕。但影响最为深远的还是春秋战国时代的齐鲁圣贤哲人。因此，我们首先从其中寻找有较为完整的传世之作者，采撷其言论，汇为一编。计有《孔子语录》《管子语录》

《晏子语录》《孙子孙膑语录》《荀子语录》《墨子语录》《孟子语录》《庄子语录》，共八册。

对于先人言论的重视是中国自古以来的传统，西周春秋时代史官的分工就是“左史记言，右史记事”。弟子后学对其先师达人的言论也格外珍视。因而，在圣哲们的传世著作中，大部分内容是弟子后人对其言论的汇集，实际上就是一部言论集。这就为我们的工作提供了莫大的便利。在选取时，我们以其最具代表性的著作为底本，着重披选；对于散见于其他著作或典籍的言论作为补充，亦酌情录入。如《孔子语录》主要选自《论语》，同时又从《礼记》《庄子》《韩非子》《孟子》《孔子家语》等典籍中录出一部分，共成一册。

齐鲁圣哲是齐鲁文化名人，但又不单纯是地域性名人，因为他们同时还是诸子百家的代表人物。长期以来，他们一直处在神殿之上，有着神圣的光环，诸如“至圣”“亚圣”“兵圣”……让人难以接近。历朝历代的学问家们为之作注作解者不计其数，但几乎都是高深的义理之疏，寻求的是其中的微言大义。我们这套《语录》则是反其道而行之，重在寻找圣贤哲人的言论中那些至今依然光彩四溢、使人爱不释手、随时受用者，让圣哲们深邃的哲理走出殿堂，成为大众的良师益友，成为大众的座右铭。因而，我们在选取时注重选取至今仍有活力者、朗朗上口者，对于千百年来脍炙人口的名言警句则优先

选入。对于所选语录，只进行难字难词的简要注释，并配以今译，不再进行引经据典式的层层疏解，以便于读者去除屏障，直接与圣者们对话。

这套《语录》是我们为中国传统文化的传承与普及做的初步尝试，也是向齐鲁圣贤哲人的致敬之作。限于水平与学识，粗疏之处，在所难免，敬请广大读者不吝赐教。

马　新

2016年2月于山东大学高阁书斋

前言

墨子为春秋末战国初期（约前 480～约前 390 年）人，在孔子之后，孟子之前。他是宋国人的后裔，一生主要在宋国、鲁国一带活动。墨子出身平民，在当时士、农、工、商四民阶层里属于工，是小手工业者，但他读过很多书，非常博学，所以我们可以称其为“布衣之士”。

他是一个关怀天下、心有大爱的能工巧匠。他精通手工技艺，甚至胜于当时的鲁班，他们二人曾经为攻城与守城有过较量，鲁班用尽其技都无法胜他。墨子不仅是能工巧匠，更是一位学养深厚的大师，他所拥有的是真正的大智慧。墨子有自己的学生，形成了一个修学团体，也俨然是一个学派——墨家。墨家学派在先秦时期影响很大，曾与儒家比肩，并称“显学”。墨子的一生行事，大致与孔子、孟子相同，都汲汲于救世，到处奔波救

难，曾经多次阻止过战争；同时，他又教授学生，传播其治世的思想主张。我们可以用八个字来概括他一生行事的精神："讲爱行爱，讲义行义。"

墨子去世以后，他的学生把他一生的言行整理成一本书，这本书就是《墨子》。

从《墨子》一书中能够看到，墨子论述治世的内容占了绝大部分篇幅。可以说，他的全部心思都在这里。墨子对于如何经营天下，已经形成了十分明确的思想。

墨子有一个叫魏越的弟子，他曾经问墨子，见到各国的国君时对他们应该先讲一些什么。墨子回答说："凡入国，必择务而从事焉。国家昏乱，则语之尚贤、尚同；国家贫，则语之节用、节葬；国家熹音湛湎，则语之非乐、非命；国家穴僻无礼，则语之尊天、事鬼；国家务夺侵凌，则语之兼爱、非攻。故曰择务而从事焉。"这个回答非常简单，几句话就把问题说明白了，表现出墨子对治理国家的完整的思考。一个没有从政经历的人，对于治理国家之道却是如此清楚，这是中国古代圣贤的共同特点；而墨子说得非常系统、有条理，这真的是以天下为己任，天下已在其胸中。圣人就是天下最好的医生，他是在医治天下。

当我们细读《墨子》，走进墨子的世界时，明显感觉到，在墨子思想中，有一个根本性的东西，那就是"兼爱"。讲爱，这是中国古代圣贤的共同特点。一个"兼

爱”，完全可以概括墨子的全部精神。

墨子说：“天下兼相爱则治，交相恶则乱。”一句话点出了全部问题的根本。天下所有的问题产生于“不相爱”，其实也就是我们今天所说的自私。由于不明于义而走上自私之路，则一切的起心动念、言语行为，只会围绕一己之利，一个人便只会为满足自己的欲望而思而动。这时，他根本就不懂得爱他人。问题就是由此产生的。所以，要彻底解决这个问题，必然要使人们学会爱他人，即“兼相爱”。兼相爱，就是大家都互相爱护，不要把自己与别人区别开来、区别对待，也就是不要以我为重、以我为核心，而应平等对待他人。这样，“爱人若爱其身”，则一切问题就都解决了。

墨子的“天下兼相爱则治”并不是空谈，其中还有更为朴实而深刻的道理。墨子说：“爱人不外己，己在所爱之中。己在所爱，爱加于己。伦列之，爱己，爱人也。”这是至理名言，墨子把爱的人伦关系说透了。其意思是，爱人并不是把自己排除在外，自己也在所爱的人当中。因为自己在所爱的人当中，所以爱也施加于自己。如果按照这个道理来说，爱己就是爱人。

这是爱的真理。只有真正懂得爱自己，才会真正爱他人。也就是说，只有自身体会到了什么是爱，才能把这个体会到的爱给予他人。不懂得爱自己的人，是不会爱他人的。所以，“爱人若爱其身”，爱人、爱己原本是一回事。

墨子讲爱，讲得最为显明，最为合乎情理。由此可以知道，自私的人并不懂得爱自己，所以也没有办法去爱他人。对此，墨子又有更为明确的推论："夫爱人者，人亦从而爱之；利人者，人亦从而利之；恶人者，人亦从而恶之；害人者，人亦从而害之。"这话说得真是太深刻了。

所以，要创造一个爱的世界，虽然看似是一件十分简单的事情，但是在具体实践中又是十分困难的。因为知之难也，去掉自私难也。

墨子主张"尚同"。一般而言，人各有己见，所以"一人则一义，二人则二义，十人则十义，其人兹众，其所谓义者亦兹众"。每个人的见解并不相同，这些见解无一例外都是私见。所以，个个自以为是："人是其义，以非人之义，故交相非也。"

墨子所说的这种现象，在后来庄子的《齐物论》里得到了更为充分的描述与阐发。按庄子的意思，众口物论之不齐，必待真知大觉之大圣，方可泯灭而齐之。而墨子却是直接而朴实地把这种不齐、这种"交相非"揭示出来，这就是人与人、国与国之间因不相爱而产生的争斗。

墨子是一位觉悟的大圣人，他告诉人们要法天而行："天之行广而无私，其施厚而不德，其明久而不衰，故圣王法之。既以天为法，动作有为必度于天，天之所欲则为之，天所不欲则止。"那么天之欲、天之志是什么呢？

"天必欲人之相爱相利，而不欲人之相恶相贼也。""天欲义而恶不义。"

如此一来，人类行为就有了至大至公、无可置疑的准则："顺天之意者，兼也；反天之意者，别也。兼之为道也，义正；别之为道也，力正。"意思是说，顺承天之意，就是要实行兼爱；违背天之意，则是以我为中心而人我有别，且损人利己。而兼爱之道，就是要以义为政于天下。

中国古人处处讲天道，因为天道就是人道。人道、天道本为一道，只是因为人道之不明，所以圣人才引导人们取法于天，以此照亮心中之道。

古人的智慧是有德性的，墨子可为代表。

李吉东

2016年5月

目录

修身篇 …………………………………………………… 1
政教篇 …………………………………………………… 25
兼爱篇 …………………………………………………… 57
非攻篇 …………………………………………………… 77
尚贤篇 …………………………………………………… 87
尚同篇 …………………………………………………… 109
节用篇 …………………………………………………… 119

修身篇

概述

墨子说："士虽有学，而行为本。""本不固者，末必几。"与其他圣贤一样，他强调的是人的根本。人的根本如果不能坚固，表现在社会的行为上必然是混乱不堪、问题重重。这是墨子自身的真实体验与智慧总结。有此修为，有此觉悟，他才能有此境界，从而有志于天下，汲汲于化解天下危难。他以爱行世，以仁义行世，其根本在于自身的积极修为。墨子处处培植根本，所以"贫则见廉，富则见义，生则见爱，死则见哀"，惠利天下而行。庄子由衷赞叹道："墨子，真天下之好也！"墨子的修身之论其言不多，但却处处见真，处处闪光，总不离开自身所得，总不离开根本，读之令人生智，"真天下之好也"！

士虽有学，而行为本。

（《墨子·修身》）

译文

士虽然有学问，但是要以高尚的品行为根本。

名不可简[①]而成也，誉不可巧而立也，君子以身戴行[②]者也。

（《墨子·修身》）

注释

①简：简单、轻易。

②戴行：践行。戴，通“载”，践行、施行。

译文

名声不是轻而易举就能成就的，赞誉不是靠投机取巧而树立起来的，君子都是身体力行的人。

有诸己不非诸人，无诸己不求诸人。

（《墨子·小取》）

译文

自身做到了,不指责别人做不到。自身做不到,不要求别人做到。

经[①]:“行,为也。”

说:“行:所为不善名,行也。所为善名,巧也。若为盗。”

(《墨子·经说上》)

注释

①经:《经》是《墨子》中的篇目,并有《经说》与之相应,对《经》作出解释。

译文

《经》:“行,就是所作所为。”

《经说》:“行:所作所为不是为了好的名声,这叫作行。所作所为是为了扬名,这叫作取巧。这跟盗贼盗取财物没什么区别。”

夫义,天下之大器[①]也,何必视人[②]?

必强③为之。

（《墨子·公孟》）

注释

①大器：贵重的器物。

②视人：看别人而行事。

③强：勉力、努力。

译文

义是天下最重要的东西，何必要看别人而行呢？自己一定要勉力而为。

有力者疾①以助人，有财者勉②以分人，有道者劝③以教人。

（《墨子·尚贤下》）

注释

①疾：极力、尽力。

②勉：尽力、努力

③劝：勤勉、努力。

译文

有力者要极力地帮助别人，有财物者要尽力地分给别

人，有道者要勉力地教化他人。

君子不镜于水[1]而镜于人。镜于水，见面之容；镜于人，则知吉凶。

（《墨子·非攻中》）

〈注释〉

①镜于水：用水来照自己。镜，用作动词，照镜子。

〈译文〉

君子不以水作镜子，而是以人作镜子。用水来照自己，看到的是自己的面容；用别人来照自己，能够知道吉凶。

夫一[1]道术学业[2]，仁义也。皆大以治人，小以任官，远施周偏[3]，近以修身。不义不处[4]，非理不行，务兴天下之利。曲直[5]周旋[6]，（不）利则止[7]。此君子之道也。

（《墨子·非儒》）

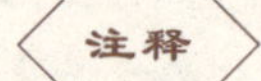

〈注释〉

①一：统一。

②学业:学问。

③远施周偏:向远处普遍施恩。周偏,普遍、遍及。偏,通“遍”。

④不义不处(chǔ):不义之事不做。处,居。

⑤曲直:弯曲和平直,引申为是非。

⑥周旋:进退揖让,引申为日常往来。

⑦利则止:原文前脱漏“不”字,应当补入。

译文

能够统一道术与学问的是仁义。有了仁义,往大处说可以治理人民,往小处说可以任用官吏,往远处说可以普遍施恩,往近处说可以修身。不义之事不做,无理之事不行,务求兴天下之利。是非曲直,进退周旋,利于天下就进,不利就停止不做。这是君子之道。

世俗之君子,贫而谓之富,则怒;不义而谓之有义,则喜。岂不悖哉!

(《墨子·耕柱》)

译文

世俗的君子们,如果他贫穷,你却说他富有,他是会生气的;如果他不义,你却说他有义,他一定会很高兴。这不是很荒谬吗?

非无安居也，我无安心也；非无足财[①]也，我无足心也。

（《墨子·亲士》）

〈注释〉

①财：指财用。

〈译文〉

不是没有安身之所，而是我的心不安；不是没有足够的财用，而是我的心不满足。

今有人于此，有子十人，一人耕而九人处[①]，则耕者不可以不益急矣。何故？则食者众，而耕者寡也。今天下莫为义，则子如[②]劝[③]我者也，何故止我？

（《墨子·贵义》）

〈注释〉

①处：闲处，指没有事情做。

②如：宜、应当。

③劝：劝勉。

译文

假如现在这里有一个人，他有十个儿子，其中只有一个在耕作，其他九个都游手好闲，那么耕作的这一个人就不能不更加焦急地耕作。为什么呢？因为吃饭的人多，而耕种的人少。现在天下没有人行义，你应该鼓励我行义才对，为什么还要阻止我呢？

嘿[①]则思，言则诲[②]，动则义[③]，使三者代御[④]，必为圣人。

（《墨子·贵义》）

注释

①嘿：即“默”，沉默。

②诲：教导、诲诱。

③义：原文为“事”，据学术界研究成果改。

④代御：交替进行。

译文

一个人沉默的时候能思考，讲话的时候能教诲他人，做事的时候能讲究义，假如这三者能交替进行，必定能成为圣人。

必去六辟[①]。必去喜，去怒，去乐，去悲，去爱[②]，（去恶[③]，）而用仁义。手足口鼻耳目，从事于义，必为圣人。

（《墨子·贵义》）

〈注释〉

①辟：通“僻”，邪僻。

②爱：这里指喜爱、喜欢。

③去恶：原文无此二字，此处据学术界研究成果增补。

〈译文〉

人一定要去掉六种邪僻的东西。一定要去掉喜，去掉怒，去掉乐，去掉悲，去掉喜欢，去掉厌恶，而行仁义。如果手、脚、口、鼻、耳、目都用来从事义的活动，这个人必定会成为圣人。

商人用一布[①]市[②]，不敢继苟而仇焉[③]，必择良者。今士之用身则不然，意之所欲则为之[④]，厚者入刑罚，薄者被毁丑[⑤]，则士之用身不若商人之用一布之慎也。

（《墨子·贵义》）

注释

①布:指货币。古代曾实行实物贸易,布曾经作为货币的一种。

②市:做买卖、贸易。

③不敢继苟而仇焉:不敢轻易、马虎地就用钱来购买货物。继,当是"轻"字之误。仇,通"售",用钱买东西。

④意之所欲则为之:随心所欲地就做了,即想干什么就干什么。

⑤厚者入刑罚,薄者被毁丑:过错严重的受到惩罚,轻的也被人诟骂。厚,重,此指犯重罪。入,陷入。薄,轻,此指犯轻罪。

译文

商人即使使用一个钱币来做买卖,也不敢随意、马虎地购买货物,一定要挑选好的货物。现在的士处世则不然,他们随心所欲,所以过错严重的要受到惩罚,轻的也被人诟骂。可见,士处世还不如商人用一个钱币那么谨慎啊。

今天下之君子之名仁[①]也,虽禹汤无以易之[②]。兼[③]仁与不仁,而使天下之君子取[④]焉,不能知也。故我曰:天下之君子不知仁者,非以其名也,亦以其取也。

(《墨子·贵义》)

注释

①名仁:称呼仁。

②无以易之:没有办法更改他所说的话。

③兼:并、合。

④取:选取,引申为辨别。

译文

现在的君子称呼仁,即使是禹汤也没有办法改变。但是,如果把仁与不仁放在一起,让天下的君子选取,他们就不知道辨别了。所以我说:天下的君子不知道仁,不是因为他们不知道仁的名称,而是因为他们不知道如何辨别与选取仁。

为义而不能,必无排[①]其道。譬若匠人之斫[②]而不能,无排其绳[③]。

(《墨子·贵义》)

注释

①排:排斥。

②斫(zhuó):砍。

③绳:木匠做工使用的墨线。

〈译文〉

行义而不能有成效，一定不要排斥义之道。这就好比木匠砍削木料而砍得不好，他是不会归咎于墨线的。

君子战虽有陈[①]，而勇为本焉；丧虽有礼，而哀为本焉；士虽有学，而行为本焉。

（《墨子·修身》）

〈注释〉

①陈：同“阵”，战阵。

〈译文〉

对君子来说，作战虽然讲究阵法，但是勇敢才是胜利的根本；丧葬虽然讲究礼节，但内心的哀伤是最根本的；士虽然有学问，但是应该以高尚的品行为根本。

置本不安者，无务丰末[①]；近者不亲，无务来[②]远；亲戚不附，无务外交；事无终始，无务多业[③]；举物而闇，无务博闻[④]。

（《墨子·修身》）

注释

①置本不安者，无务丰末：如果根基尚未打好，就不要追求细枝末节的繁茂。也就是说，要先把根本的事情做好，然后求其次。置，通“植”，树立。本，根本、根基。务，努力从事。丰，丰实、繁盛。

②来：招致、招揽。

③事无终始，无务多业：这一件事还没做好，就不要务求做更多的事。也就是说，每做一件事，必须善始善终。业，事。

④举物而闇(àn)，无务博闻：眼下随便举一事都不明了，就不要务求见多识广。闇，不明了、不了解。

译文

如果树的根扎得不牢固，就不可能期望它枝叶丰茂；如果关系近的人都不愿意亲近自己，就别期望能招徕远方之人；如果自己的亲戚都不亲附自己，就不要期望外面能有很好的交往；如果做一件事都不能善始善终，就别期望能做好更多其他的事；如果眼前的事都弄不明白，就别期望见多识广。

谮慝之言[①]，无入之耳；批扞之声[②]，无出之口；杀伤之孩，无存之心[③]。虽有诋讦之民，无所依矣。[④]故君子力事日强，愿

欲日逾，设壮日盛⑤。

（《墨子·修身》）

注释

①谮慝(zèn tè)之言：谗毁诬陷之言论。谮，谗毁、诬陷。慝，邪恶。

②批扞(hàn)之声：指抨击别人的话。

③杀伤之孩，无存之心：指君子心里不起杀伤的刻毒念头。孩，此字很难理解，或认为乃“刻”字之误，即刻毒的意思。

④虽有诋讦(dǐ jié)之民，无所依矣：君子如果做到了以上几条，那么诽谤攻击别人的人，就没有依归之处了。诋，毁谤、诬蔑。讦，揭发，攻击别人的过错或短处。

⑤君子力事日强，愿欲日逾，设壮日盛：君子勤勉从事越来越强大，而欲望越来越少，对他人越来越敬重。力事，指勤劳。愿欲，指欲望。逾，此字很难解释，学者也有不同的意见，或释为“弱”“懦”。设壮，指庄敬。

译文

谗毁诬陷的话不听，抨击指责别人的话不说，杀伤别人的念头不存于心里。如果能如此，那么诽谤攻击你的人，自然也就消失了。所以，君子勤勉从事而越来越强大，欲望越来越少，对他人则越来越敬重。

君子之道也，贫则见廉，富则见义，生则见爱，死则见哀，四行者不可虚假，反之身者也。

（《墨子·修身》）

译文

君子之道，贫穷时表现出廉洁，富贵时表现出仁义；对于活着的人都能表现出他的仁爱，对于死去的人则能表现出他的哀痛。这四者都不是虚假的，都是其内心的真实表达。

藏于心者无以竭爱，动于身者无以竭恭，出于口者无以竭驯①。畅之四支，接之肌肤②，华发隳颠③，而犹弗舍者，其唯圣人乎！

（《墨子·修身》）

注释

①出于口者无以竭驯：指君子凡所出口之言永远和顺，不会衰减。驯，和顺。

②畅之四支，接之肌肤：内心的仁爱与恭敬通达他的四肢与肌肤。支，同"肢"，四肢。

③华发隳(huī)颠：指人衰老而头发花白脱落。隳颠，秃顶。

〈译文〉

藏在心里的是无尽的爱，表现在举止上的是无比的谦恭，说出的话非常和顺。这些仁爱、恭敬与和顺，通达其全身，且至终老不舍离，大概只有圣人才能做得到吧！

志不强者智不达，言不信者行不果。据财不能以分人者，不足与友。守道不笃，遍物不博[①]，辩是非不察[②]者，不足与游[③]。

（《墨子 · 修身》）

〈注释〉

①遍物不博：分辨事物不广博。遍，有学者考辨当为“别”或“辨”，即分辨、分别。

②辩是非不察：对是非的分别不能察知其细微之处。

③游：结交、交往。

〈译文〉

志愿不强则智慧不高，言不符实则行而无果。很富有却不能分济于人，这样的人不足以与之交友。坚守正道不能笃实，分辨事物不广博，辨别是非不能细致入微，这样的

人不足以与之交游。

本不固者末必几[①]，雄而不修[②]者其后必惰，原[③]浊者流不清，行不信者名必秏[④]。

（《墨子·修身》）

注释

①本不固者末必几：一个人做人的根本如果不牢固，那么就一定会危及其他事。几，危险。

②雄而不修：做事有力量、有信心，而不懂得加强自身修养。

③原：通“源”，源头。

④秏(hào)：同“耗”，败坏。

译文

假如一个人做人的根本不坚实牢固，那么就一定会危及其他事。一个人信心十足、雄而有力，却不懂得修身，日后一定会怠惰。源头浑浊，河流必然不清澈；行不守信，其名必然会败坏。

名不徒[①]生，而誉不自长，功成名遂[②]，名誉不可虚假，反之身者也。务言而缓行，虽辩必不听；多力而伐[③]功，虽劳必不

图[④]。慧者心辩而不繁说，多力而不伐功，此以名誉扬天下。

（《墨子·修身》）

注释

①徒：徒然、白白地。

②遂（suì）：完成、成功。

③伐：自我夸耀。

④图：图谋，此指预想。

译文

名声不是无缘无故地产生的，别人的赞誉也不是凭空就长出来的，只有功德圆满了，才会有名誉，所以，名誉不可以是虚假的，必须从自身寻求。只会空谈，而其行为却迟缓，即使再善于论辩，也必然不能使人信服。做事出了很多力，但又好夸耀自己，虽然很辛劳，但是却得不到想要的赞许。真正通晓事理的人，内心非常清楚，但嘴上从来不多说，虽然出了很多力，但从来不夸耀自己的功劳，以此而名扬天下。

言无务[①]为多而务为智，无务为文而务为察[②]。故彼智无察，在身而情[③]，反其

路④者也。善无主于心者不留⑤,行莫辩于身者不立⑥。

(《墨子·修身》)

注释

①务:从事、致力。

②察:明察、明白。

③在身而情:指自身怠惰,不能积极加强修养。情,“惰”字之误。

④反其路:所作所为是沿着相反的道路进行的。

⑤善无主于心者不留:善不是从心性本真上生发出来并起主导作用的,是留不住的。主于心,以心为主,即发自于心。不留,留不住、保不住。

⑥行莫辩于身者不立:自身行事却没有弄明白其中的道理,这样的行为是立不住的。辩,通“辨”,明辨、清楚。

译文

言论不在多,而在说得有智慧;不在华丽,而在说得明白。所以,如果一个人的智慧不足以明察事理,又疏于修养自己的品性,那么其行为就要背离正道了。善不是从心性本真上生发出来的,必然留不住;行事如果不能从自身去检视,必然不能立足。

思利寻[①]焉，忘名忽[②]焉，可以为士于天下者，未尝有也。

（《墨子·修身》）

注释

①寻：寻找、谋求。

②忽：忽略、不经心。

译文

利欲熏心，从而忘记了自己的名声，这样能成为天下贤士的人，从来就没有过。

爱人利人以得福者有矣，恶人贼人以得祸者亦有矣。

（《墨子·法仪》）

译文

爱人利人而得福的人有；憎人害人而得祸的人也有。

天下有义则生，无义则死；有义则富，无义则贫；有义则治，无义则乱。

（《墨子·天志上》）

译文

天下之人，有义就能生存，无义就死；有义就能富贵，无义就贫贱；有义就能治理得好天下，无义天下就混乱。

今天下之君子之欲为仁义者，则不可不察义之所从出①。……义不从愚且贱者出，必自贵且知②者出。

（《墨子·天志中》）

注释

①义之所从出：义是从哪里来的，义是根据什么而来的。

②知：同“智”，聪明。

译文

现在天下的士君子，如果要实行仁义，就不能不弄明白义是从哪里来的。……义不是出自愚痴低贱的人，一定是出自尊贵且有智慧的人。

吾闻为高士①于天下者，必为其友之身，若为其身，为其友之亲，若为其亲，然

后可以为高士于天下。

（《墨子·兼爱下》）

注释

①高士：志趣、品行高尚的人。

译文

我听说天下那些品德高尚的人，他们对待朋友的身体就像对待自己的身体，对待朋友的双亲就像对待自己的双亲，这样才算是天下品德高尚的人。

政教篇

概述

墨子大量的言论集中于政教。他曾经说过："有道者劝以教人。"即有道者要勉力地教导人。墨子所教的对象是士君子，是卿大夫，是诸侯君王，这都是为政者。为政不明，天下必受其苦。所以，墨子一再强调，要寻求天下产生混乱的根源，即不相爱。可见，墨子抓住了天下之治的根本，即在于一个"爱"字。他说："天下兼相爱则治，交相恶则乱。""兼者，圣王之道也，王公大人之所以安也，万民衣食之所以足也。"为政者如果能明白这一点，才是明之大者。墨子寄希望于社会上层以仁人之心对待天下，真正以天下为己任，而后利天下人，这正是以"兼爱"为核心的政教观。墨子说："顺天之意若何？曰：兼爱天下之人。"从为政角度来说，顺天之意就是行义政，反天之意就是行力政，天下之治与乱，由此分途。

法[1]不仁，不可以为法[2]。

（《墨子 · 法仪》）

注释

①法：取法。

②法：法度、法则。

译文

以不仁为法，是不可以立为法度的。

仁人之所以为事者，必兴天下之利，除去[1]天下之害，以此为事者也。

（《墨子 · 兼爱中》）

注释

①去：应为衍文，当删去。

译文

仁爱的人做事情，一定要兴天下之利，除天下之害，以此作为自己应做的事情。

圣人以治天下为事者也，不可不察乱之所自起。当察乱何自起？起不相爱也。

（《墨子·兼爱上》）

译文

圣贤之人以治理天下为自己应做的事情，不可不明察乱是从何而起的。试察乱是从何而起的？起于人们不相爱。

今用义为政于国家，人民必众，刑政必治，社稷必安。所为贵良宝者，可以利民也。而义可以利人，故曰，义天下之良宝也。

（《墨子·耕柱》）

译文

现在如果以义来施政于国家，人民必然增多，刑政必然得到很好的治理，国家必然得到安定。所谓贵重的良宝，是能够对人民有利的，而义能够对人民有利，所以说，义才是天下的良宝。

入国[①]而不存[②]其士，则亡国矣。见贤

而不急，则缓其君矣。非贤无急，非士无与虑[3]国。缓贤忘士，而能以其国存者，未曾有也。

（《墨子·亲士》）

注释

①入国：入君位临政，即治理国家。有的学者认为，“入”字是“乂”字传写之误，乂即治理的意思。两种解释都可通。

②存：恤问、慰问，此指优待、体恤。

③虑：谋划。

译文

治理国家，如果不关心国中的贤士，那么国家就要灭亡了。发现贤士却不急于推荐，其实就是怠慢国君。如果不能亲贤，那就再也没有比这更加急迫的事情了；如果没有贤士，那就没有人与自己一起谋划国事了。怠慢贤人、轻视士人，而能使国家长治久安，这是从未有过的事。

圣人者，事无辞[1]也，物无违[2]也，故能为天下器[3]。

（《墨子·亲士》）

〈注释〉

①事无辞:不推辞任何事情,即什么事都能承担。

②物无违:指圣人有德有智,不违逆任何事情。违,违逆、抵触。

③天下器:指承担天下重任的人才。器,器物,此处指对人类有用的人才。

〈译文〉

圣人,不推辞、拒绝所遇到的任何事情,又不违逆任何事情,所以才能成为承担天下重任的人才。

天地不昭昭[①],大水不潦潦[②],大火不燎燎[③],王德不尧尧[④]者。

(《墨子·亲士》)

〈注释〉

①天地不昭昭:天地无意呈现自己的明亮而自明亮。昭昭,明亮。

②大水不潦潦:大水不是故作其大而自然大。潦潦,水盛的样子。

③大火不燎燎:大火之盛,不是自己有意要表现出来的。燎燎,火旺的样子。

④王德不尧尧:有德之君不自夸其德而其德自高。尧尧,道德高尚的样子。

译文

天地之明亮，并不是自己有意去显现的。大水之大，并不是自己故作其大的。大火之盛，并不是自己有意要表现出来的。德高之君不自夸其德而其德自高。

溪陕①者速涸，逝②浅者速竭，墝埆③者其地不育，王者淳④泽⑤，不出宫中，则不能流⑥国矣。

（《墨子·亲士》）

注释

①陕：同“狭”，狭隘。

②逝：指川流。《论语》中有：“子在川上曰：‘逝者如斯夫。’”

③墝埆(qiāo què)：土地贫瘠。

④淳：厚。

⑤泽：恩泽。

⑥流：流播。

译文

狭窄的小溪很快就会干涸，太浅的流水很快就会枯竭，贫瘠的土地不会生长五谷，如果君王的恩泽只局限在宫廷之中，那就不可能泽被全国。

凡君之所以安者何也？以其行理[①]也，行理生于染当[②]。故善为君者，劳于论人[③]，而佚[④]于治官。不能为君[⑤]者，伤形[⑥]费神[⑦]，愁心劳意[⑧]，然国逾[⑨]危，身逾辱。

（《墨子·所染》）

注释

①行理：指行为合乎事理而不乱。

②染当：指后天所接受的教育与熏染得当。

③论人：评定、选择人才。论，衡量、评定。

④佚：安逸，这里是放松的意思。

⑤不能为君：指不善于做国君，国君做得不好。

⑥伤形：损伤身体，使身体疲劳。

⑦费神：耗费精力。

⑧愁心劳意：心里忧愁不堪，思虑混乱。

⑨逾：更加。

译文

大凡君主使国家安定的原因是什么呢？是因为他们做事合乎情理，而做事合乎情理又来自于他们所受到的教育与熏染得当。所以，善于做君主的人，他们都会劳心费力地评定、选择人才，这样在治理官吏方面就可以安逸轻

松了。不善于做君主的人，非但使自己精疲力尽，忧愁劳心，而且使国家陷入更加危险的境地，自身也备受屈辱。

民有三患：饥者不得食，寒者不得衣，劳者不得息。

（《墨子·非命下》）

〈译文〉

人民有三种忧患：饥饿的人得不到粮食，寒冷的人得不到衣服，劳累的人得不到休息。

仓无备粟[①]，不可以待[②]凶饥[③]；库无备兵器，虽有义不能征无义。

（《墨子·七患》）

〈注释〉

①粟：粟米，此指粮食。

②待：应对。

③凶饥：凶荒、灾荒。

〈译文〉

粮仓里没有储备粮食，就不可以应对灾荒。兵库里没有储备兵器，虽然有义却不能征伐无义之师。

且夫食者，圣人之所宝也。

(《墨子·七患》)

〈译文〉

粮食是圣人所宝贵的东西。

夫以奢侈之君御好淫僻[1]之民，欲[2]国无乱不可得也。

(《墨子·辞过》)

〈注释〉

①淫僻：放荡淫乱。

②欲：希望。

〈译文〉

以奢侈的国君去治理那些喜好放荡淫乱的臣民，想要国家不发生动乱，是不可能的。

无君臣上下长幼之节[1]、父子兄弟之礼，是以天下乱焉。

(《墨子·尚同中》)

〈注释〉

①节：节度，此指区别。

〈译文〉

没有君臣、上下、长幼的区别，没有父子兄弟之礼，所以天下就要大乱了。

夫知[①]者，必尊天事鬼，爱人节用，合焉为知矣。

（《墨子·公孟》）

〈注释〉

①知：通“智”，此指有智慧的人。

〈译文〉

智者，必然懂得尊奉上天、侍奉鬼神、爱护人民而生活节俭，三者合起来才是智。

和氏之璧[①]，隋侯之珠[②]，三棘六异[③]，此诸侯之所谓良宝也。可以富国家，众人

民，治刑政，安社稷乎？曰不可。所谓贵良宝者，为其可以利也。而和氏之璧、隋侯之珠、三棘六异不可以利人，是非天下之良宝也。

（《墨子·耕柱》）

注释

①和氏之璧：据《韩非子》记载，相传楚国人卞和在山中得璞，先后献给楚厉王、楚武王，他们都以为是石，所以卞和被刖去两足。后来卞和又将之献给楚文王，文王使玉工细琢此璞，果然得到了宝玉，于是将其命名为“和氏璧”。

②隋侯之珠：传说古代隋国有一个诸侯看见一条受伤的大蛇，便给它治伤，后来大蛇从江中衔了一颗明月珠来报答他，此珠被命名为“隋侯珠”。

③三棘六异：同“三翮(hé)六翼”，代指九鼎。

译文

和氏璧、隋侯珠、九鼎，这些都是诸侯们所说的良宝。但是它们能使国家富足，使人民众多，使刑政得到很好的治理，使国家得到安定吗？答案是不能。良宝之所以贵重，是因为它能对人民有利。而和氏璧、隋侯珠、九鼎都不能够对人民有利，所以不是天下的良宝。

譬若筑墙[①]然，能筑者筑[②]，能实壤者实壤，能欣[③]者欣，然后墙成也。为义犹是也。能谈辩者谈辩，能说书者说书，能从事者从事，然后义事成也。

（《墨子·耕柱》）

注释

①筑墙：古代筑墙用的是版筑法，即先立版夹，然后填土夯实。

②筑：指用杵夯实泥土。

③欣：为“锨”的假借字。锨，挖土的工具，这里用作动词，指挖土。

译文

好比筑墙，能用杵夯实泥土的就夯实泥土，能往夹版里装土的就装土，能挖土的就挖土，这样墙才能筑成。做义事也是这样。能演说的就演说，能讲书的就讲书，能做事的就做事，这样义事就做成了。

天下之所以生者，以先王之道教也。今誉先王，是誉天下之所以生也。可誉而不誉，非仁也。

（《墨子·耕柱》）

译文

天下人之所以能生存，是因为有先王之道的教化。现在我们称颂先王，是称颂其使天下赖以生存的道。如果该称颂的不去称颂，这是不仁的。

凡言凡动[1]，利于天鬼百姓者，为之；凡言凡动，害于天鬼百姓者，舍[2]之。凡言凡动，合于三代圣王尧舜禹汤文武者，为之；凡言凡动，合于三代暴王桀纣幽厉者，舍之。

（《墨子·贵义》）

注释

①凡言凡动：凡是说话和做事，即一切言论和行事。

②舍：放弃。

译文

一切言论和行事，如果是有利于上天、鬼神、百姓的就做；一切言论和行事，如果是有害于上天、鬼神、百姓的就放弃不做。一切言论和行事，如果是合乎三代圣王尧、舜、禹和商汤、周文王、周武王的就做；一切的言论和行事，如

果是合乎三代暴王夏桀、商纣王、周幽王、周厉王的就舍弃不做。

古之圣王，欲传其道于后世，是故书之竹帛①，镂②之金石③，传遗④后世子孙，欲后世子孙法⑤之也。今闻先王之遗而不为，是废先王之传⑥也。

（《墨子·贵义》）

注释

①竹帛：竹简和白绢。古代最初没有纸，在竹帛上书写文字。

②镂：刻。

③金石：金属和石制器物。古代常常将重要的事情以及歌颂功德之类的文字镌刻在钟鼎碑碣之上。

④遗（wèi）：留给。

⑤法：效法。

⑥先王之传：先王所传下来的道。

译文

古代的圣王，想把他们的道义传给后世，所以就把它写在竹帛上，刻在金石上，留给后世子孙，希望后世子孙能够效法。我们现在听说了先王的道义而不去实行，这等于是废弃了先王所传的道义。

政者，口言之，身必行之。今子口言之，而身不行，是子之身乱也[①]。子不能治子之身，恶能治国政？子姑亡[②]子之身乱之矣！

（《墨子·公孟》）

注释

①是子之身乱也：这说明你自己本身混乱、矛盾。

②亡：是“防”字之音讹错写。

译文

所谓治国施政，就是嘴上说了，自身必须要做到。现在你说了，但是自身却不去做，这说明你自己本身已经混乱。你不能调理好自身，又怎么能治理好国家呢？你还是先防备一下自身的混乱吧！

凡入国，必择务[①]而从事焉。国家昏乱，则语之尚贤、尚同；国家贫，则语之节用、节葬；国家熹音[②]湛湎[③]，则语之非乐、非命；国家淫僻[④]无礼，则语之尊天、事鬼；国家务夺侵凌，即语之兼爱、非攻。故曰

择务而从事焉。

(《墨子·鲁问》)

注释

①择务:选择要紧的事务。

②憙音:喜欢声色之娱。憙,通“喜”,喜欢。

③湛湎(dān miǎn):沉迷。

④淫僻:放荡淫乱。

译文

凡到一个国家,必须选择最紧要的事情去做。国家昏乱,就要为他们讲尚贤、尚同的道理。国家贫穷,就要为他们讲节用、节葬的道理。国家喜欢声色、沉迷于酒,就要为他们讲非乐、非命的道理。国家淫乱无礼,就要为他们讲尊天、事鬼的道理。国家热衷于夺取侵略,就要为他们讲兼爱、非攻的道理。所以说,要选择最紧要的事情去做。

故时年岁善,则民仁且良;时年岁凶[①],则民吝且恶。夫民何常此之有[②]?为者疾[③],食者众,则岁无丰。故曰财不足则反之时[④],食不足则反之用[⑤]。故先民以时生财,固本而用财,则财足。

(《墨子·七患》)

注释

①凶:灾荒,收成坏。

②民何常此之有:百姓的性情哪有常此不变的呢?此,指百姓性情之“仁且良”与“吝且恶”。

③疾:据清代学者俞樾研究,应当从旧本作“寡”。

④财不足则反之时:物产不足,就要反省是否能不违农时而加紧农业生产。财,通“材”,即物产。

⑤食不足则反之用:粮食不足,就要反省日常食用是否能节俭。

译文

在收成好的年头,百姓仁义且善良;遇到荒年,百姓也会吝啬而凶恶。百姓的性情哪里能长久不变呢?从事生产的人少,而吃的人多,那么年岁也就不可能丰收。所以说,物产不足,就要反省是否能够不违农时而加紧农业生产。粮食不够吃,就要反省日常食用是否能够节俭。所以,古时先民要按照农时来生产物资,筑牢根本,节约用度,财物自然就丰足了。

以其极赏[①],以赐无功;虚其府库,以备车马衣裘奇怪[②];苦其役徒,以治宫室观乐;死又厚为棺椁,多为衣裘;生时治台榭,死又修坟墓;故民苦于外,府库单[③]于

内，上不厌其乐，下不堪其苦。故国离[④]寇敌则伤，民见凶饥则亡。此皆备不具之罪也。

（《墨子·七患》）

注释

①极赏：最高的赏赐。

②奇怪：指珍奇异宝。

③单：同“殚”，竭尽。

④离：同“罹”，遭受。

译文

用最高的赏赐去奖赏那些无功的人；耗尽府库的财物，来备置车马衣裘与奇珍异宝；使服役的人受尽劳苦，来建造宫殿以供观赏享乐；死去之后要做厚实的棺椁，又要做很多衣裘来陪葬；活着的时候要修建楼台亭榭，死去之后又要大修坟墓。所以，外则百姓受苦，内则国库耗尽；上则国君还不满足于自己的享乐，下则百姓不能忍受其痛苦。于是，国家一旦遭到敌国的入侵就会败亡，百姓一旦遇到饥荒就会流亡。这都是平时储备做得不好的罪过。

顺天之意若何？曰：兼爱天下之人。

（《墨子·天志下》）

译文

顺天之意怎么样呢？答：爱天下所有的人。

顺天之意者，兼[①]也；反天之意者，别[②]也。兼之为道也，义正[③]；别之为道也，力正[④]。

（《墨子·天志中》）

注释

①兼：兼爱。

②别：区分人我，区别对待。

③义正：以义为政，也可以理解为以义匡正天下。

④力正：以力为政，也可以理解为以力征伐天下。

译文

顺承天之意，就是要实行兼爱；违背天之意，则是人我有别、损人利己。兼爱之为道，是以义为政于天下。人我有别、损人利己之道，则是以力征伐天下。

天下从事者不可以无法仪[①]，无法仪而其事能成者无有也。虽至士之为将相者，皆有法。虽至百工从事者，亦皆有

法。……巧者能中[②]之，不巧者虽不能中，放依[③]以从事，犹逾己[④]。

（《墨子·法仪》）

注释

①法仪：法度。

②中（zhòng）：符合，达到目标。

③放依：仿效。放，同“仿”。

④逾己：超过自己，指做得比自己原来没有规定标准时要好得多。

译文

全天下做事情的人都不可以没有法度。没有法度而能把事情做成功的人是没有的。即使是高明之士做了将相，也都是有法度的。即使是从事各行各业的百工，也都有法度。……灵巧的工匠能做得恰到好处，不灵巧的工匠虽然做得不完全合适，但是只要仿效着这个法度去做，还是会超越原来没有法度的做法。

义者正也。何以知义之为正也？天下有义则治，无义则乱，我以此知义之为正也。

（《墨子·天志下》）

〈译文〉

义就是正。怎么知道义就是正呢？天下有义就治理得好，无义就乱。我因此知道义就是正。

正者，无自下正上者，必自上正下。是故庶人不得次[①]己而为正，有士正之；士不得次己而为正，有大夫正之；大夫不得次己而为正，有诸侯正之；诸侯不得次己而为正，有三公[②]正之；三公不得次己而为正，有天子正之；天子不得次己而为正，有天正之。

(《墨子·天志下》)

〈注释〉

①次："恣"字的省略写法，放纵、放肆。

②三公：古代三种最高官衔的合称。西周时以太师、太傅、太保为三公。

〈译文〉

正者，没有以下正上的，而必须是从上正下。所以，一般人不可以放纵自己去正别人，要由士来正他们；士不可

以放纵自己去正别人，要由大夫来正他们；大夫不可以放纵自己去正别人，要由诸侯来正他们；诸侯不可以放纵自己去正别人，要由三公来正他们；三公不可以放纵自己去正别人，要由天子来正他们；天子不可以放纵自己去正别人，要由上天来正他们。

曰：义正者何若？曰：大不攻小也，强不侮弱也，众不贼寡也，诈不欺愚也，贵不傲贱[①]也，富不骄贫[②]也，壮不夺老也。是以天下之庶国[③]，莫以水火毒药兵刃以相害也。若事[④]，上利天，中利鬼，下利人，三利而无所不利，是谓天德。故凡从事此者，圣知也，仁义也，忠惠也，慈孝也，是故聚敛天下之善名而加之。

（《墨子·天志下》）

〈注释〉

①傲贱：傲慢地对待低贱之人。

②骄贫：傲慢地对待贫困之人。

③庶国：指各诸侯国。

④若事：那些事，此处指兼爱之事。若，其。

〈译文〉

有人问：以义匡正天下的情形怎么样呢？答曰：大国不攻打小国，强者不欺凌弱者，势众者不戕害势寡者，诡诈者不欺骗愚憨者，尊贵之人不傲视低贱之人，富有之人不骄慢贫困之人，少壮的不强夺老弱的。所以，天下所有的国家都不用水火、毒药、兵刃来相互伤害。这样的义正之事，上利于天，中利于鬼神，下利于人民，有这三种利而无所不利，就叫作“天德”。所以，凡是能够这样做的，就是圣智的、仁义的、忠惠的、慈孝的，所以能聚集天下之美名加在身上。

曰：力正者何若？曰：大则攻小也，强则侮弱也，众则贼寡也，诈则欺愚也，贵则傲贱也，富则骄贫也，壮则夺老也。是以天下之庶国，方[①]以水火毒药兵刃以相贼害也。若事上不利天，中不利鬼，下不利人，三不利而无所利，是谓之天贼。故凡从事此者，寇乱也，盗贼也，不仁不义，不忠不惠，不慈不孝，是故聚敛天下之恶名而加之。

（《墨子·天志下》）

注释

①方:并、都。

译文

有人问:以力为政于天下的情形怎么样呢? 答曰:大国攻打小国,强者欺凌弱者,势众者戕害势寡者,诡诈的欺骗愚憨的,尊贵的傲视低贱的,富有的骄慢贫困的,少壮的强夺老弱的。所以,天下所有的国家都要用水火、毒药、兵刃来相互伤害。这样的力正之事,上不利于天,中不利于鬼神,下不利于人民,这三种都是不利的事,而没有任何一利,就叫作“天贼”。所以,凡是这样做的,就是寇乱,就是盗贼,就是不仁不义、不忠不惠、不慈不孝,所以聚集天下之恶名加在身上。

顺天意者,兼相爱,交相利,必得赏。反天意者,别相恶,交相贼,必得罚。

(《墨子·天志上》)

译文

顺从天意的人,相互关爱,互利互惠,必定得到报赏。违反天意的人,区分你我,互相憎恶,互相贼害,必定得到惩罚。

我所爱，兼而爱之；我所利，兼而利之。爱人者此为博焉，利人者此为厚焉。

（《墨子·天志上》）

译文

我（此处指天意）所爱的，三代的圣王兼而爱之；我所利的，三代的圣王兼而利之。爱人者，以此最为博大；利人者，以此最为深厚。

我有天志①，譬若轮人②之有规③，匠人④之有矩⑤。轮匠执其规矩，以度天下之方圜⑥。

（《墨子·天志上》）

注释

①天志：天之意志，此处指自然发展规律。

②轮人：制造车轮的人。

③规：圆规。

④匠人：指木工。

⑤矩(jǔ)：画方形或直角的工具，即曲尺。

⑥圜：同“圆”。

〈译文〉

我有天志，就好像做车轮的人有圆规，木工有尺子。做车轮的人和木工拿着他们的曲尺、圆规，来测量天下的方形和圆形。

义者，善政[①]也。……天下有义则治，无义则乱。是以知义之为善政也。

（《墨子·天志中》）

〈注释〉

①政：指政事。

〈译文〉

行义是最好的治政。……天下有义就大治，无义则混乱。由此可知行义是最好的治政。

天之意不欲大国之攻小国也，大家之乱小家也。强之劫弱，众之暴[①]寡，诈之谋[②]愚，贵之傲[③]贱，此天之所不欲也。不止此而已，欲人之有力相营[④]，有道相教，有财相分也。又欲上之强[⑤]听治[⑥]也，下之

强从事也。

（《墨子·天志中》）

〈注释〉

①暴：欺凌、凌辱。

②谋：图谋、算计。

③傲：对……显示轻慢、轻视。

④有力相营：有力者帮助别人。营，当为“劳”。

⑤强：努力。

⑥听治：本意是断狱治事，泛指治理。

〈译文〉

天之意，不喜欢大国攻打小国、大家族篡乱小家族。强大者胁迫弱小者，人多者欺凌人少者，狡诈者图谋憨厚老实者，地位尊贵者傲视地位低微者，这都是天所不喜欢的。而且不仅仅止于此而已，天之意希望有能力的人要帮助别人，有道的人要教导别人，有财物的人要分给别人。而且，天之意还希望在上者要努力治理国家，在下者要努力做好自己应该做的事情。

上强[①]听治[②]，则国家治矣；下强从事，则财用足矣。若国家治，财用足，则内有以洁为酒醴粢盛[③]，以祭祀天鬼；外有以为

环璧珠玉，以聘挠四邻④。诸侯之冤⑤不兴⑥矣，边境兵甲不作矣。

(《墨子·天志中》)

注释

①强：努力。

②听治：本意是断狱治事，泛指治理国家。

③洁为酒醴(lǐ)粢(zī)盛：指能够洁净地准备好酒食与谷物进行祭祀。醴，甜酒。粢盛，古代盛在祭器内以供祭祀的谷物。粢，粟米，此处泛指谷物。

④聘挠四邻：指互通使者，礼尚往来，睦邻友好。聘，聘问，专指天子与诸侯或诸侯与诸侯间遣使通问，友好往来。挠，当是"接"字之误，结交。

⑤冤：为"怨"之假借字，怨仇。

⑥兴：起、发生。

译文

如果在上者能够努力治理国家，那么国家就会治理得好。如果在下者能够努力做好自己的分内之事，那么财物就足够用了。如果国家治理得好，财物足够用，那么对内就能够洁净地准备好酒食与谷物来祭祀天地鬼神；对外就能够有珠宝美玉用来与周边国家通使往来，讲睦修好。这样，诸侯之怨仇就不会产生，边境上也不会有兵甲争斗之事了。

内有以食饥息劳①，持养其万民，则君臣上下惠忠，父子弟兄慈孝。故唯毋②明乎顺天之意，奉而光施之天下③，则刑政治④，万民和，国家富，财用足，百姓皆得暖衣饱食，便宁⑤无忧。

（《墨子·天志中》）

注释

①食饥息劳：使饥饿的人有吃的，使劳苦的人得到休息。

②唯毋：语气词，没有实在意义。

③奉而光施之天下：奉持不失而广泛地施行于天下。光，通“广”。

④刑政治：指刑政得到很好的治理。治，指政治清明、社会安定的局面。

⑤便(pián)宁：安宁。

译文

在国家内部，使饥饿的人有吃的，使劳苦的人得到休息，这样持养万民，君主对臣下施恩惠，臣下对君主忠心不二，父兄慈爱，子弟孝敬。所以，如果能明白顺承天之意，能奉持不失而广泛地施行于天下，那么刑政就能得到很好的治理，万民和顺，国家富强，财用丰足，百姓都能够吃饱穿暖，安宁无忧。

古之知者之为天下度[1]也，必顺[2]虑其义，而后为之行，是以动则不疑，速通成[3]，得其所欲，而顺天鬼百姓之利，则知者之道也。

（《墨子·非攻下》）

注释

①度：打算、谋划。

②顺：通“慎”，慎重。

③速通成：“速通速成”的省略语，指天下人很快就能明白，很快就能办成。

译文

古代的智者为天就下人谋划，一定会慎重地考虑事情是否合乎道义，而后再去实行，这样行动就没有疑虑，天下人很快就能明白，事情很快就能办成，从而得到自己想要的结果，而且能随顺天地、鬼神、百姓之利，这才是智者之道。

兼爱篇

概述

墨子最伟大的思想为“兼爱”。统万法唯一理，贯万古唯一心，墨子兼爱思想的形成，正是来源于内心的体验与证悟，一理一心，二者相融为一，印证了人性的光辉。“爱人不外己，己在所爱之中。己在所爱，爱加于己。”这是至理名言，恰如佛家之“同体大悲”、儒家之“泛爱众”，也如庄子之“天地与我并生，而万物与我为一”。真正的爱，是懂得如何爱自己，才会懂得如何爱他人；能够爱他人，才能爱自己。爱己爱人是同一理同一心。墨子的体会至深至真，所以他的兼爱才如此博大，至为深刻，也至为亲切，切中人心。他感受到了天下失序、战乱迭起的痛苦，体会到了爱的真谛，所以才能说“天下兼相爱则治，交相恶则乱”。抓住这一点，我们就能读懂墨子，也能学得圣人之德性智慧。

天下兼相爱[①]则治，交相恶[②]则乱。

（《墨子·兼爱上》）

注释

①兼相爱：彼此都互相爱护。这是墨子提倡的一种学说。主张不分亲疏远近、毫无差别地爱一切人。与“交相恶”相对。兼，同时，一并。

②交相恶：彼此都互相憎恶。

译文

天下之人彼此都互相爱护就治理得好，天下之人彼此都互相憎恶就产生混乱。

爱人不外己，己在所爱之中。己在所爱，爱加于己。伦列[①]之，爱己，爱人也。

（《墨子·大取》）

注释

①伦列：以此类推。伦，类。列，排列，引申为推衍。

〈译文〉

爱人并不是把自己排除在外，自己也在所爱的人当中。自己在所爱的人当中，由此爱也施加于自己。以此类推，爱己就是爱人。

夫爱人者，人亦从而爱之；利人者，人亦从而利之；恶人者，人亦从而恶之；害人者，人亦从而害之。

（《墨子·兼爱中》）

〈译文〉

爱人者，人也因此而爱他。利于人者，人也因此而利于他。憎恶人者，人也因此而憎恶他。害人者，人也因此而害他。

厚人不外己，爱无厚薄。

（《墨子·大取》）

〈译文〉

厚爱别人，并不是把自己排除在外。因为爱人与爱

己,本无厚薄的分别。

凡学爱人,爱众世[①],与爱寡世[②]相若,兼爱之有相若。爱尚世与爱后世,一若今之世人也。

(《墨子·大取》)

注释

①众世:指人多的地方。众,原作"众众",多一个"众"字,今删。世,天下、世间。

②寡世:指人少的地方。

译文

凡是学习爱人之道的人应当明白,爱人多的国家(地方)与爱人少的国家(地方)是相同的,因为兼爱是相类同而无差等的。爱前世的人与爱后世的人,完全如同爱现在的人。

兼者[①],圣王之道也,王公大人之所以安也,万民衣食之所以足也。故君子莫

若[2]审[3]兼而务行之。

(《墨子·兼爱下》)

注释

①兼者:指兼爱。

②莫若:不如。

③审:认真对待。

译文

兼爱,是圣王之道,是王公大人之所以能安定的原因,也是万民的衣食之所以能得到满足的原因。所以,君子最重要的是认真对待兼爱并努力践行。

为人君必惠[1],为人臣必忠,为人父必慈,为人子必孝,为人兄必友,为人弟必悌。故君子莫若欲为惠君、忠臣、慈父、孝子、友兄、悌弟,当若兼之不可不行[2]也,此圣王之道而万民之大利也。

(《墨子·兼爱下》)

注释

①惠:这里指国君对臣下施恩惠。

②当若兼之不可不行:如果兼爱不能够不实行,即必须实行。也可以译为:如果兼爱能大行于天下。当若,倘若。

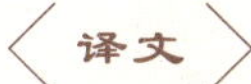

译文

做国君的必然能够为国人带来恩惠,做人臣的必然能忠于自己的国君,做父母的必然能慈爱子女,做子女的必然能够孝敬自己的父母,做兄长的必然能够友爱自己的弟弟,做弟弟的必然能够爱敬自己的兄长。所以,君子最重要的莫如希望做一个惠君、忠臣、慈父、孝子、友兄和悌弟。如果兼爱能大行于天下,这就是圣王之道而万民之大利。

臣子之不孝君父,所谓乱也。子自爱不爱父,故亏父而自利;弟自爱不爱兄,故亏兄而自利;臣自爱不爱君,故亏君而自利。此所谓乱也。虽①父之不慈子,兄之不慈弟,君之不慈臣,此亦天下之所谓乱也。父自爱也不爱子,故亏子而自利;兄自爱也不爱弟,故亏弟而自利;君自爱也不爱臣,故亏臣而自利。是何也?皆起不相爱。

(《墨子·兼爱上》)

注释

①虽:通“唯”,句首语气助词,没有实在意义。

译文

臣下不忠于国君,子女不孝顺父母,这就是所说的乱。子女爱自己而不爱父母,所以就损害父母而自利;弟弟爱自己而不爱兄长,所以就损害兄长而自利;大臣爱自己而不爱国君,所以就损害国君而自利。这都是所谓的乱。而父母不慈爱子女,兄长不慈爱弟弟,国君不慈爱臣下,这些也是天下所说的乱。父母爱自己而不爱子女,所以就损害子女而自利;兄长爱自己而不爱弟弟,所以就损害弟弟而自利;国君爱自己而不爱臣下,所以就损害臣下而自利。这是为什么呢? 都是起于不能相爱。

今诸侯独知爱其国,不爱人之国,是以不惮[①]举其国以攻人之国。今家主[②]独知爱其家,而不爱人之家,是以不惮举其家以篡人之家。今人独知爱其身,不爱人之身,是以不惮举其身以贼人之身。是故诸侯不相爱则必野战。家主不相爱则必

相篡，人与人不相爱则必相贼，君臣不相爱则不惠忠，父子不相爱则不慈孝，兄弟不相爱则不和调。

（《墨子·兼爱中》）

注释

①不惮：不惜，不辞劳苦。

②家主：指有封邑的卿大夫。

译文

现在的诸侯只知道爱自己的国家而不知道爱别人的国家，所以就不惜动用全国的力量来攻打别人的国家。现在的卿大夫只知道爱自己的家族而不知道爱别人的家族，所以就不惜动用全家族的力量来侵夺别人家族的利益。现在的人只知道爱自己而不知道爱别人，所以就不惜以全身的力量来残害别人。所以，诸侯之间不相爱就必然要发生野战，卿大夫之间不相爱就必然相互侵夺，人与人不相爱就必然相互残杀，君臣之间不相爱就必然没有恩惠和忠心，父子之间不相爱就必然没有慈爱与孝顺，兄弟之间不相爱就必然不和睦、不调顺。

今若国之与国之相攻，家[①]之与家之相篡[②]，人之与人之相贼，君臣不惠忠[③]，父子不慈孝，兄弟不和调，此则天下之害也。然则崇[④]此害亦何用生哉？以不相爱生邪？子墨子言："以不相爱生。"

(《墨子·兼爱中》)

注释

①家：古时卿大夫的封邑。

②篡(cuàn)：用强力夺取。

③君臣不惠忠：指君不施惠于臣，臣不效忠于君。

④崇：应为"祟"，同"察"，考察。

译文

现在诸侯国相互攻打，大夫之间相互夺取，人与人相互残杀，君臣之间不施恩惠、不守忠信，父子之间没有慈爱、不讲孝顺，兄弟之间不和睦、不调顺，这些都是天下之害。那么考察一下这些患害都是怎么产生的呢？都是因为不相爱而产生的吗？墨子说："都是因为不相爱产生的。"

天下之人皆不相爱，强必执[①]弱，富必

侮贫，贵必敖[②]贱，诈必欺愚。凡天下祸篡怨恨，其所以起者，以不相爱生也，是以仁者非之。

（《墨子 · 兼爱中》）

注释

①执：控制、驾驭。

②敖：通“傲”。

译文

天下之人都不相爱，那么强者必然要控制弱者，富者必然要欺侮贫者，贵者必然要傲待贱者，奸诈的人必然欺骗憨厚的人。凡天下的祸患、篡夺、怨怒、仇恨之所以产生，是因为人们不能相爱。所以，仁义的人认为不相爱是不对的。

视[①]人之国若视其国，视人之家若视其家，视人之身若视其身。是故诸侯相爱则不野战，家主相爱则不相篡，人与人相爱则不相贼[②]。

（《墨子 · 兼爱中》）

注释

①视:看待、对待。

②贼:伤害。

译文

诸侯对待别人的国家要像对待自己的国家一样,卿大夫对待别人的家族要像对待自己的家族一样,人们对待别人要像对待自己一样。所以,诸侯之间相互关爱就不会发生野战,卿大夫之间相互关爱就不会相互侵夺,人与人之间相互关爱就不会相互伤害。

君臣相爱则惠忠,父子相爱则慈孝,兄弟相爱则和调。天下的人皆相爱,强不执弱,众不劫寡,富不侮贫,贵不敖贱,诈不欺愚。凡天下祸篡怨恨可使毋起者,以相爱生也,是以仁者誉之。

(《墨子·兼爱中》)

译文

君臣之间相互关爱就会有恩惠与忠心,父子之间相互关爱就会有慈爱与孝顺,兄弟之间相互关爱就会和睦、调

顺。天下之人都相爱,那么强者就不会控制弱者,人多的不会劫掠人少的,富者就不会欺侮贫者,贵者就不会傲待贱者,奸诈的人就不会欺骗憨厚的人。凡天下的祸患、篡夺、怨怒、仇恨就可以使它不产生,这是人们之间相互关爱才如此的。所以,仁义的人都赞美兼爱。

天下之士君子,特不识其利①,辩其故②也。今若夫攻城野战,杀身为名③,此天下百姓之所皆难也,苟君说④之,则士众能为之。况于兼相爱,交相利,则与此异。……特上弗以为政,士不以为行故也。

(《墨子·兼爱中》)

注释

①识其利:明白其事理。利,当作“物”。

②辩其故:分辨这种事理。

③杀身为名:为了成名而牺牲自身。

④说(yuè):通“悦”,喜欢、高兴。

译文

天下的士君子不能理解兼爱到底是什么,也不能分辨其中的事理。现在如果说要攻城野战,牺牲生命以求得名声,这是天下百姓难以做到的,但是如果国君喜欢,那么士

众必然就能做到。何况兼相爱、交相利与攻城野战之事并不相同。……只是在上者不以此为政事,而士不以此作为自己的行动罢了。

姑[①]尝本原[②]若[③]众害之所自生,此胡自生?此自爱人利人生与?即必曰非然也,必曰从恶人贼人生。分名乎天下恶人而贼人者,兼与,别与?[④]即必曰别也。然即之交别[⑤]者,果生天下之大害者与!是故别非也。……兼以易别[⑥]。

(《墨子·兼爱下》)

注释

①姑:姑且。

②本原:推究产生的原因。本,探究、推原。

③若:这。

④分名乎天下恶人而贼人者,兼与,别与:辨别一下天下憎恶人和伤害人这种情况的名目,它们是属于不分你我而兼爱呢,还是属于区分人我、分别对待呢?分名,辨别名目。兼,指不分你我而兼爱。别,区分人我,分别对待。与,通“欤”,表示疑问的语气副词。

⑤然即之交别:既然这样,那么如果人们相互间都把别人与

自己区别对待。然即,然则、那么。之,这。交别,互相把别人与自己区别对待。

⑥兼以易别:即"以兼易别",用兼来代替别。

译文

姑且试着推究一下产生这么多灾祸的根源,它们都是从哪里产生的?它们都是从爱人、利人产生的吗?必然要说并不是如此,必然要说是从憎恶人、戕害人产生的。如果辨别一下天下憎恶人和伤害人的人,他们是属于不分你我而兼爱呢,还是属于区分人我、分别对待呢?必然要说他们是区分人我、分别对待。既然这样,那么如果人们都把别人与自己区别对待,这果真是产生天下大害的根源啊!所以,把别人与自己区别对待是不对的……要用不分你我而兼爱来代替人我区别对待。

藉[①]为人之国,若为其国,夫谁独举其国以攻人之国者哉?为彼者由[②]为己也。为人之都,若为其都,夫谁独举其都以伐人之都者哉?为彼犹为己也。为人之家,若为其家,夫谁独举其家以乱人之家者哉?为彼犹为己也。然即国、都不相攻伐,人家不相乱贼,此天下之害与?天下

之利与？即必曰天下之利也。

（《墨子·兼爱下》）

〈注释〉

①藉：假如。

②由：通“犹”，好像。

〈译文〉

假如对待他人的国家，如同对待自己的国家，那么谁还会动用自己国家的力量去攻打别人的国家呢？为他人就像是为自己啊。如果对待别人的都城，如同对待自己的都城，那么谁还会率领自己的部众去攻伐别人的都城呢？为他人就像为自己啊。如果对待别人的家族，如同对待自己的家族，那么谁还会率领自己的家族去夺取别人的家族呢？为他人就像为自己啊。既然国与国、都城与都城都不互相攻伐，家与家不相互篡乱戕害，这是天下之害呢，还是天下之利呢？必然要说是天下之利啊。

姑尝本原若众利之所自生，此胡自生？此自恶人贼人[①]生与？即必曰非然也，必曰从爱人利人生。分名乎天下爱人而利人者，别与，兼与？即必曰兼也。然

即之交兼者，果生天下之大利者与！

（《墨子·兼爱下》）

注释

①恶人贼人：憎恶人、戕害人。

译文

姑且尝试推究一下众多的利所产生的根源，它们都是从哪里产生的？都是从憎恶人、戕害人产生的吗？必然要说并不是如此，必然要说是从爱人、利人产生的。如果区分一下爱人、利人，它们是属于将别人与自己区别对待呢，还是属于不分你我而兼爱呢？必然要说它们属于不分你我而兼爱。既然这样，那么如果人与人之间都不分你我而兼爱，这果真是产生天下大利的根源啊！

姑尝本原之孝子之为亲度者[①]。吾不识孝子之为亲度者，亦欲人爱利其亲与，意欲人之恶贼其亲与？以说观之，即欲人之爱利其亲也。然即吾恶[②]先从事即得此？若我先从事乎爱利人之亲，然后人报我爱利吾亲乎？意我先从事乎恶人之亲，

然后人报我以爱利吾亲乎？即必吾先从事乎爱利人之亲，然后人报我以爱利吾亲也。

（《墨子·兼爱下》）

注释

①为亲度者：指为父母做打算这一件事，即为父母行孝之事。度，揣度。

②恶(wū)：怎么。

译文

姑且尝试推究一下孝子是如何为父母行孝的吧。我不知道孝子为父母行孝，是希望别人爱利自己的父母，还是希望别人憎恶、贼害自己的父母呢？按常理来看，应该是希望别人爱利其父母。如果是这样，自己先如何去做才能得到呢？如果自己先爱利别人的父母，然后作为回报，别人也会爱利我的父母，还是自己憎恶别人的父母，然后作为回报，别人才爱利我的父母呢？当然是自己首先能爱利别人的父母，然后别人才能回报自己而爱利自己的父母啊。

爱人者必见爱也，而恶人者必见恶也。

（《墨子·兼爱下》）

译文

爱人者必然为人所爱，而憎恶人者必然为别人所憎恶。

仁者之为天下度[①]也，非为其目之所美，耳之所乐，口之所甘[②]，身体之所安。以此亏夺[③]民衣食之财，仁者弗为也。

（《墨子·非乐上》）

注释

①度：考虑。

②口之所甘：指吃起来味美。

③亏夺：损害夺取。

译文

仁者行事是为天下人考虑的，并不是为了自己能看到美丽的东西，听到快乐的声音，吃到甘甜可口的食物，享受

身体之安适。如果因为这些而损害了人民的衣食之资，仁者是不会做的。

仁者之事者，必务求兴天下之利，除天下之害，将以为法乎天下。利人乎，即为；不利人乎，即止。

（《墨子·非乐上》）

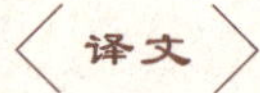

仁者做事，务求兴天下之利，除天下之害，并以此作为天下的法度。对人民有利的事就做，对人民不利的事就不做。

非攻篇

概述

“非攻”是墨子针对战国时期国与国相互攻战的背景而提出来的。战争是人类自身最为严重的罪行，完全违背了兼爱之义。但是，墨子要为上层社会讲明“非攻”之道，是非常困难的。所谓“君子喻于义，小人喻于利”，墨子讲“非攻”，只好侧重于分析攻战的利与害的现实表现，如各种消耗损失与百姓之死亡，以及攻战的各种理由与借口等，一一以理论之，希望以此打动各国当政者，使他们接受“非攻”的主张。实际上，墨子关于“非攻”的真正的理由在“天志”与“兼爱”两篇之中已论述得很透沏，读懂“天志”与“兼爱”，“非攻”之说自然而明。这也是墨子思想的一个突出特点。

今且[①]天下之王公大人士君子，中[②]情[③]将欲求兴天下之利，除天下之害，当若[④]繁为攻伐，此实天下之巨害也。

（《墨子·非攻下》）

注释

①今且：即“今夫”，现在、当今。

②中：心中、内心。

③情：通“诚”，确实、果真。

④当若：倘若。

译文

当今天下的王公大人、士君子，内心确实想要兴天下之利，除天下之害，倘若还在频繁地攻伐，这实在是天下之巨害啊。

苟亏[①]人愈多，其不仁兹甚矣，罪益厚。当此[②]，天下之君子皆知而非之，谓之不义。今至大为攻国，则弗知非，从而誉之，谓之义。此可谓知义与不义之别乎？

（《墨子·非攻上》）

注释

①亏:损害。

②当此:对此。

译文

如果损害别人越多,他的不仁就越突出,他的罪过也就越深重。对此,天下的君子们都知道他不对而要谴责他,说这是不义的。现在有人做更大的不义,去攻打别人的国家,而他们却不知道这是不对的,反而跟着别人去赞美这种行为,说这是义。这样可以称得上是明白义与不义的区别吗?

今有人于此,少见黑曰黑,多见黑曰白,则以此人不知白黑之辩[①]矣;少尝苦曰苦,多尝苦曰甘,则必以此人为不知甘苦之辩矣。今小为非,则知而非之。大为非攻国,则不知非,从而誉之,谓之义。此可谓知义与不义之辩乎?是以知天下之君子也,辩义与不义之乱[②]也。

(《墨子·非攻上》)

〈注释〉

①白黑之辩:白黑的区别。

②辩义与不义之乱:区别义与不义的标准是混乱的。

〈译文〉

假如现在这里有一个人,见到一点点黑色,就说这是黑色,而见到很多黑色却说是白色,那么大家都认为这个人是黑白不分的;稍微尝一点苦味,就说这是苦的,多吃些苦味却说是甜的,那么人们都会认为他甘苦不分。现在,对于做了很小错事的人,人们都知道他做错了并谴责他;对于犯了很大的过错,以至于攻打别的国家的人,人们却不知道谴责他,反而要跟着别人去赞美这种行为,说这是义。这样可以称得上是明白义与不义的区别吗? 由此可知,现在天下的君子,判断义与不义的标准是多么混乱啊。

今师徒[①]唯毋[②]兴起,冬行恐寒,夏行恐暑,此不可以冬夏为者也。春则废民耕稼树艺,秋则废民获敛。今唯毋废一时,则百姓饥寒冻馁而死者,不可胜数。

(《墨子·非攻中》)

注释

①师徒:军队,这里指行军打仗。

②唯毋:语气助词,没有实在意义。

译文

现在军事一旦兴起,冬天行军怕寒冷,夏天行军怕暑热,这是不可以在冬夏进行的事。行军打仗如果是在春天就会荒废农耕,如果是在秋天就会耽误收获。现在荒废了一时之工,百姓因饥寒冻饿而死者,却是数也数不尽。

国家发政[1],夺民之用,废民之利,若此甚众,然而何为为之[2]?曰:"我贪伐胜之名,及得之利,故为之。"子墨子言曰:"计其所自胜,无所可用也。计其所得,反不如所丧者之多。"

(《墨子·非攻中》)

注释

①发政:发布政令。

②何为为之:为什么要这么做呢?何为,为什么。

译文

国家发布政令，夺去了百姓的财用，损害了百姓的利益，如此之多，然而这都是为了什么呢？答曰：“我贪求战胜之名声，以及所获得的利益，所以要这样做。”墨子说：“想一想他所求取的战胜的名声，并没有什么用处，而算一算他从战争中所得到的，反而不如所丧失的多。”

杀人多必数于万，寡必数于千，然后三里之城、七里之郭，且可得也。今万乘之国，虚①数于千，不胜而入②；广③衍④数于万，不胜而辟⑤。然则土地者，所有余也；王民⑥者，所不足也。今尽王民之死，严下上之患⑦，以争虚城，则是弃所不足而重所有余⑧也。为政若此，非国之务者也。

（《墨子·非攻中》）

注释

①虚：虚邑。

②不胜(shēng)而入：不能完全纳入自己的治理。

③广：接上一句话，当是衍文，应删去。

④衍：低而平坦的土地。

⑤不胜而辟:不能全部得到开垦与耕作。

⑥王民:当是“士民”之误。

⑦严下上之患:加重了上下的灾患。严,加重。

⑧弃所不足而重(chóng)所有余:本来士民就不足,却抛弃了他们;本来土地就已经多余了,却又通过侵夺而使之更多。

译文

杀人多则数万,少则数千,然后方圆三里的小城池、方圆七里的小城郭,才可以得到。现在万乘之大国,其荒废的城邑有上千之多,尚且都不能完全纳入自己的治理之下;低而平坦的土地有上万之多,尚且不能全部得到开垦与耕作。这样,土地是有余的,自己的百姓却不够用。现在却要把百姓都送上战场拼力死战,加重了上下的祸患,以此来争得荒废的城邑。这样一来,本来士民就不足,却又抛弃了他们;本来土地就已经多余了,却又通过侵夺而使之更多。如此施政,可不是治理国家的要务。

情欲得而恶失,欲安而恶危,故当攻战而不可不非。

(《墨子·非攻中》)

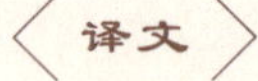

如果真的想有所得而不愿意有所失,真的希望安定而

不愿意发生危机，那么就不可不反对战争。

今天下之所同义者，圣王之法也。今天下之诸侯将[①]犹多皆免[②]攻伐并兼，则是有誉义之名，而不察其实也。此譬犹盲者之与人，同命[③]白黑之名，而不能分其物也，则岂谓有别哉？

（《墨子·非攻下》）

注释

①将：大概。

②免：即“勉”，勉力、尽力。

③命：称呼。

译文

现在天下人共同认可的义，是圣王之法。然而天下各诸侯大多还是在不遗余力地进行着攻伐与兼并，这只是称赞义的名称而已，却没有弄明白义之实。这就好比盲人与正常人，他们都在称呼白黑之名，但盲人却不能分辨白黑之物，那么怎么能说明盲人能分辨白黑呢？

古之仁人有天下者，必反大国之说，一天下之和，总四海之内，焉[1]率天下之百姓以农，臣事上帝山川鬼神。利人多，功故又大，是以天赏之，鬼富之，人誉之，使贵为天子，富有天下，名参[2]乎天地，至今不废。此则知者之道也，先王之所以有天下者也。

（《墨子·非攻下》）

注释

①焉：于是。

②参：并立。

译文

古代那些拥有天下的仁人，必然要反对大国攻伐的言论，统一天下，而天下和顺，总领四海，于是率领天下百姓从事农耕，臣事上帝、山川、鬼神。有利于人多而功劳大，所以上天奖赏他们，鬼神使他们富足，百姓则称赞他们，使他们贵为天子，富有天下，名声与天地并立，至今不废。这就是智者之道，先王以此拥有天下。

尚贤篇

概述

治理国家需要人才。中国古人所谓的人才都是德才兼备的，特别重其德，所以墨子提出“列德而尚贤”这一根本性的原则。因为有德行的人勤政廉政，而且懂得“兼爱”，“不义不富，不义不贵，不义不亲，不义不近”，能以德来引领社会，所作所为符合为政之道。在这个基础上，居上位者才能够“有能则举之，高予之爵，重予之禄，任之以事，断予之令”。墨子的思想是伟大的，他清楚地知道，一个和谐的、充满爱的社会应该是什么样子的，所以在任用人才上主张“尚贤”。如果能这样，理想的政治目标就很容易实现，同时，也在相当程度上实现了社会公正，“故官无常贵，而民无终贱”。这是墨子思想的一大闪光点，于今世亦不无教益。

今者王公大人为政于国家者，皆欲国家之富，人民之众，刑政之治①。然而不得富而得贫，不得众而得寡，不得治而得乱，则是本失其所欲，得其所恶，是其故何也？……是在王公大人为政于国家者，不能以尚贤事能②为政也。

（《墨子·尚贤上》）

注释

①刑政之治：指刑事与政务都得到很好的治理。

②事能：任用、使用贤能的人。

译文

现在掌握国家政权的王公大人，都希望国家富强，人民繁盛，刑事与政务治理得井井有条。然而，结果却是国家未能富强反而贫困，人口未能繁盛反而减少，刑政不能治理得好反而更加混乱，这样也就是从根本上没有得到所希望的结果，反而得到了不希望的结果，这是为什么呢？……就是因为掌握国家政权的王公大人不能尊重贤能、任用贤能。

国有贤良之士众，则国家之治厚①；贤良之士寡，则国家之治薄。故大人之务，将在于众贤②而已。

（《墨子·尚贤上》）

〈注释〉

①治厚：这里是指治理好的程度，即治理的功绩大。

②众贤：使贤良之人多。众，用作动词，使……众。

〈译文〉

国家拥有贤良的士人多，那么国家治理得就非常好；国家拥有贤良的士人少，那么国家治理得就不那么好了。所以，王公大人的要务，就在于使贤良之人越来越多。

贤者之治国也，蚤朝晏退①，听狱②治政，是以国家治而刑法正。贤者之长官③也，夜寝夙兴④，收敛⑤关市⑥、山林⑦、泽梁⑧之利，以实官府，是以官府实而财不散。贤者之治邑也，蚤出莫入⑨，耕稼⑩树艺⑪、聚⑫菽粟⑬，是以菽粟多而民足乎食。故国家治则刑法正，官府实则万民富。

（《墨子·尚贤中》）

注释

①蚤朝晏退:早早地就上朝而很晚才退朝。蚤,通“早”。晏,晚。

②听狱:听理讼狱。听,审察、决断与治理。

③长官:居官。

④夜寝夙兴:晚睡早起。

⑤收敛:收取。

⑥关市:市集一般位于交通要道,所以叫关市。

⑦山林:指捕猎之业。

⑧泽梁:在水流中用石筑成的用于拦水捕鱼的堰,这里指捕鱼之业。

⑨蚤出莫入:指早出晚归。莫,通“暮”。

⑩耕稼:泛指种庄稼。

⑪树艺:种植、栽培。

⑫聚:积累。

⑬菽(shū)粟:大豆、小米,泛指粮食。

译文

贤者治理国家,很早上朝而很晚退朝,裁断讼狱,处理政务,所以国家大治而刑法清正。贤者居官,晚睡早起,收敛集市、山林、捕鱼之利,以此充实官府,所以官家府库充实而财产不耗散。贤者治理城邑,早出晚归,耕作栽培,收获粮食,所以粮食多而人民食用充足。因此,国家大治而刑法清正,官府充实而万民富足。

上有以洁为酒醴粢盛，以祭祀天鬼。下有以食饥[①]息劳[②]，将养其万民。内有以怀天下之贤人。外有以为皮币[③]，与四邻诸侯交接。是故上者天鬼富之，下者万民亲之，内者贤人归之，外者诸侯与之。以此谋事则得，举事则成，入守则固，出诛则强。

（《墨子·尚贤中》）

注释

①食饥：使饥者得到吃的。

②息劳：使劳者得到休息。

③皮币：指毛皮和缯帛，古代用来作为贵重的礼物而互相往来赠送。

译文

贤者治理国家，对上能够有洁净的酒食与谷物来祭祀天、鬼，对下能够使饥饿的人吃饱，使劳者得到休息，扶养万民。对内能够招徕天下之贤人，对外能够有很多的毛皮和缯帛作为礼物，与四邻诸侯相结交。所以，上者天、鬼使国家富足，下者万民与自己亲近；内有贤人归附，外有诸侯与自己友好往来。以此谋事则得当，举事则成功，入守则坚固，外出诛伐则强大。

利人[①]也，为其人也。富人，非为其人也。[②]有为也，以富人。富人也，治人，有为鬼焉。[③]

（《墨子·大取》）

〈注释〉

①利人：以利施于人。

②富人，非为其人也：赐予官爵使人富有，并不是为了那个人。意思是，为的是使那个人能够以其官职很好地治理天下。所以下文接着说："有为也，以富人。"

③富人也，治人，有为鬼焉：让那个人以官职而富有，能治理人事，又能祭祀鬼神。有，通"又"。

〈译文〉

施利于人，只是为了那个人。以爵禄使人富有，却并不是为了那个人。因为他将有所作为，所以才以爵禄使他富有。以爵禄使他富有，他能治理人事，又能祭祀鬼神。

不义不富，不义不贵[①]，不义不亲，不义不近。

（《墨子·尚贤上》）

〈注释〉

①不义不富,不义不贵:不义的人,不能使他们富有,不能使他们显贵。墨子在这里所讲的“尚贤”是以义为根本条件的。

〈译文〉

不义的人不能使他富有,不义的人不能使他显贵,不义的人不能信任他,不义的人不能使他亲近。

古者圣王之为政,列德①而尚贤,虽在农与工肆②之人,有能则举之,高予之爵,重予之禄,任之以事,断予之令③。曰:“爵位不高则民弗敬,蓄禄不厚则民不信,政令不断则民不畏。”举三者授之贤者,非为贤赐也,欲其事之成。

(《墨子·尚贤上》)

〈注释〉

①列德:根据其德来安排职位。列,排列、安排位次。

②农与工肆:中国古代是四民社会,即士、农、工、商,士在首位。肆,作坊、店铺、市集的总称,这里指四民之中的商。

③断予之令:意思是要非常放心地给他行使政令的权力,使

他完全能按照自己的思想作出决定、发布政令、处理事务。断,原意是果断,这里指放心。

译文

古代圣王治理天下,崇尚贤人,根据德来安排职位。即使是农工之人,只要有能力就予以提拔,封给他很高的爵位,给他丰厚的俸禄,任用他来做事情,非常放心地给他行使政令的权力。他们认为:"爵位不高,人民就不会敬重他;俸禄不重,人民就不会信任他;行政令时没有决断权,人民就不会畏惧他。"把这三种东西授予贤人,并不是为了赏赐贤人,而是希望他能把事情做好。

以德就列,以官服事①,以劳殿赏②,量功而分禄。

(《墨子·尚贤上》)

注释

①以官服事:按照自己的官职来处理各种事务。服,从事、致力。

②以劳殿赏:根据功劳来决定所应得到的赏赐。殿,确定。

译文

对待贤人,要根据德行来安排职务,使他们按照自己

的官职来处理各种事务，根据功劳来决定他们所应得到的赏赐，衡量功绩来决定他们所应享受的俸禄。

官无常贵，而民无终贱，有能则举之，无能则下之。举公义，辟私怨。

（《墨子·尚贤上》）

译文

为官者不会永远富贵，百姓也并不总是贫贱。有能力的就提拔，没有能力的就罢免。凡事出以公义，避免私怨。

古者尧举舜于服泽①之阳②，授之政，天下平；禹举益③于阴方④之中，授之政，九州成⑤；汤⑥举伊尹⑦于庖厨之中，授之政，其谋得⑧；文王举闳夭、泰颠⑨于罝⑩罔之中，授之政，西土服。故当是时，虽在于厚禄尊位之臣，莫不敬惧而施⑪，虽在农与工肆之人，莫不竞劝而尚意⑫。故士者所以为辅相⑬承嗣⑭也。

（《墨子·尚贤上》）

注释

①服泽:地名,即濩泽,在今山西。

②阳:山南水北为阳。

③益:即伯益,名大费,善于畜牧狩猎,被舜任命为山虞之官,后助禹治水有功,被禹选为继承人而禅让之。

④阴方:地名,其址不详。

⑤九州成:指益助禹治水而完成了勘定九州的大事。

⑥汤:商代第一位君主,名天乙。

⑦伊尹:传说原来是厨师,是汤妻的陪嫁奴隶。因有贤能,被汤任用为大臣,后助汤灭夏建商。

⑧其谋得:指商汤灭夏建国的图谋得以实现。

⑨闳夭、泰颠:都是文王的大臣。本来在山林之中以捕猎禽兽为生,文王举用了他们。他们曾用计使文王从商纣王的囚禁中获释,后来又辅佐武王伐纣。

⑩罝(jū):捕兽的网。

⑪施:按清代学者俞樾的研究,应为"惕",谨慎、戒惧。

⑫意:应为"悳",即古文"德"字。

⑬辅相:辅佐、佑助。

⑭承嗣:指继承先祖遗业。

译文

古时候尧从服泽的北边举荐提拔了舜,把政事交给他处理,结果天下大治。大禹在阴方之中举荐提拔了伯益,把政事交给他处理,结果九州得到了统一。商汤从厨房里

举荐提拔了伊尹，把政事交给他处理，结果其治国兴国的谋略得到了成功。周文王从渔猎的人当中举荐提拔了闳夭和泰颠，把政事交给他们处理，结果西方的诸侯为之臣服。所以在那个时候，即使是有优厚俸禄和尊贵地位的大臣，没有一个不敬事谨慎而戒惧的，即使是农工之人，也莫不争相劝勉而崇尚道德。所以，士是君王依靠他们的辅佐来继承先祖遗业的人。

得士则谋不困，体不劳。名立而功成，美章而恶不生①，则由得士也。

（《墨子·尚贤上》）

注释

①美章而恶不生：美善得到彰显而丑恶被杜绝。章，通“彰”，彰显。

译文

有了士的辅佐，君王的谋略就不会困而不通，身体就不会劳累。功成名就，美善得以彰显而丑恶得以杜绝，这是得到了贤士辅佐的缘故。

得意①，贤士不可不举；不得意②，贤士不可不举。尚欲祖述③尧舜禹汤之道，将

不可以不尚贤。夫尚贤者，政之本也。

（《墨子·尚贤上》）

注释

①得意：得志，指天下、国家大治。

②不得意：不得志，指功业未成，天下、国家没有得到很好的治理。得意与不得意，均是从君王治政的角度来说的。

③祖述：效法、发扬。

译文

天下大治时，贤士不可不举用。天下没有得到很好的治理时，贤士不可不举用。要想继承、发扬尧舜之道，就不可以不尊尚贤人。尊尚贤人是治政的根本。

古者圣王唯能审[①]以尚贤使能为政，无异物杂焉，天下皆得其利。

（《墨子·尚贤中》）

注释

①审：确实。

译文

古代的圣王确实能把尚贤使能作为政治之大事，不受外物的干扰，所以天下都能得到好处。

古者舜耕历山，陶河濒，渔雷泽，尧得之服泽之阳，举以为天子，与接[①]天下之政，治天下之民。伊挚[②]，有莘[③]氏女之私臣[④]，亲为庖人[⑤]，汤得之，举以为己相，与接天下之政，治天下之民。傅说[⑥]被褐带索[⑦]，庸[⑧]筑[⑨]乎傅岩[⑩]，武丁得之，举以为三公，与接天下之政，治天下之民。此何故始贱卒而贵，始贫卒而富？则王公大人明乎以尚贤使能为政。是以民无饥而不得食，寒而不得衣，劳而不得息，乱而不得治者。

（《墨子·尚贤中》）

〈注释〉

①接：本意是持，这里指掌管、治理。

②伊挚：即伊尹。

③有莘（shēn）：古国名，一说在今山东曹县西北。汤娶有莘国之女为妻。

④私臣：即陪臣。古代天子以诸侯为臣，诸侯以大夫为臣，大夫又自有家臣。大夫对于天子，大夫之家臣对于诸侯，都是隔了

一层的臣,即所谓“重臣”,又称“陪臣”。

⑤亲为庖人:他的父亲是庖厨。

⑥傅说(yuè):传说为殷高宗武丁的贤臣,原来是从事筑墙的奴隶,被高宗举用为大臣。

⑦被褐带索:指生活贫寒,穿粗布衣,以绳索为衣带。

⑧庸:通“佣”,被雇佣。

⑨筑:即版筑。古时筑墙先立版夹,然后填土夯实。

⑩傅岩:地名,在今山西平陆东。

译文

古时候舜曾在济南历山耕田,在黄河之滨制作陶器,在雷泽打鱼,尧在服泽的北边得到了他,把他举为天子,与他一起掌管天下之政,治理天下之民。伊尹,在商汤娶有莘国之女时是一个陪臣,他的父亲是一个庖厨,商汤得到了他,把他举为自己的相国,与他一起掌管天下之政,治理天下之民。傅说,生活贫寒,穿着粗布做的衣服,以绳索为衣带,在傅岩做佣工筑墙,商朝高宗武丁得到了他,举荐他做了三公,与他一起掌管天下之政,治理天下之民。这些人因为什么一开始身份低微而最终能够显贵,一开始贫穷而最终富足?这是因为王公大人懂得以尚贤使能为政。所以,不存在天下之人民饥而不得食、寒而不得衣、劳而不得休息、乱而得不到治理的事情。

自贵且智者为政乎愚且贱者，则治；自愚且贱者为政乎贵且智者，则乱。是以知尚贤之为政本也。

（《墨子·尚贤中》）

译文

由高贵聪明的人去治理愚昧低下的人，那么国家就能治理得好。由愚昧低下的人去治理高贵聪明的人，那么国家就会混乱。由此可知，尚贤是治政的根本。

故古者圣王甚尊尚①贤而任使能②，不党③父兄，不偏贵富，不嬖④颜色⑤，贤者举而上之，富而贵之，以为官长；不肖⑥者抑而废之，贫而贱之，以为徒役⑦。是以民皆劝其赏⑧，畏其罚，相率而为贤。者⑨以贤者众，而不肖者寡，此谓进贤⑩。

（《墨子·尚贤中》）

注释

①尊尚：尊重、崇尚。

②能：有才能的人。

③党:偏私。

④嬖(bì):宠爱。

⑤颜色:这里指美貌的人。

⑥不肖:不贤,指不称职或不像样的人。

⑦徒役:服劳役的人。

⑧劝其赏:从奖赏当中得到鼓励。

⑨者:按俞樾说,“是”之误。

⑩进贤:按清代学者孙诒让说,应作“尚贤”。

译文

古代的圣王很注重尚贤使能,不偏向自己的父兄,不偏私富贵的人,不宠爱貌美的人,贤能的人就举荐他居上位,使他富足显贵,以他为主政的官吏;不称职的人则免去其官职,使之贫贱,成为服劳役的人。所以,人民都从奖赏当中得到鼓励,从处罚当中感到畏惧,都争相做贤能的人。由此贤能的人越来越多,而不称职的人越来越少,这就叫作尚贤。

圣人听其言,迹[①]其行,察其所能,而慎予官,此谓事能[②]。故可使治国者,使治国,可使长官者,使长官,可使治邑者,使治邑。凡所使治国家、官府、邑里,此皆国之贤者也。

(《墨子·尚贤中》)

注释

①迹:考核、推究。

②事能:即“使能”。

译文

圣王听一听他的言论,观察他的行动,考察他的能力,而后谨慎地授予他官职,这就叫作使能。所以,可以使他治国的,就使他治国;可以使他掌管官吏的,就让他掌管官吏;可以使他治理城邑的,就让他治理城邑。凡是派去治理国家、官府、城邑的人,都是国家的贤人。

贪于政者不能分人以事,厚[①]于货者不能分人以禄。

(《墨子·尚贤中》)

注释

①厚:注重。

译文

贪恋政治权力的人是不会把政事分配给别人去管的,看重财物的人是不可能把财物分给别人的。

若苟贤者不至乎王公大人之侧，则此不肖者在左右也。不肖者在左右，则其所誉不当[①]贤，而所罚不当暴。王公大人尊[②]此以为政乎国家，则赏亦必不当贤，而罚亦必不当暴。若苟赏不当贤而罚不当暴，则是为贤者不劝而为暴者不沮[③]矣。……何则？皆以明小物而不明大物也。

（《墨子·尚贤中》）

注释

①当：必定。

②尊：通“遵”，遵循、沿着。

③沮：终止、阻止。

译文

假若贤能之人不到王公大人身边侍奉，那么那些不称职的人就在其左右了。如果那些不称职的人在他们左右，那么他们所称赏的就不一定是贤能的人，而所处罚的也不一定是凶暴的人。王公大人以此治理国家，那么所赏的也不一定是贤能的人，而所罚的也不一定是凶暴的人。如果

所赏的不一定是贤能的人,所罚的也不一定是凶暴的人,这样作为贤能的人就得不到劝勉,而作为凶暴的人就得不到阻止。……这是怎么回事呢?都是因为明于小事而不懂大道理啊。

今王公大人,有一牛羊之财[①]不能杀,必索良宰;有一衣裳之财不能制,必索良工。……有一罢马[②]不能治,必索良医;有一危弓[③]不能张[④],必索良工。当王公大人之于此也,虽有骨肉之亲,无故富贵[⑤]、面目美好者,实知其不能也,必不使。是何故?恐其败财[⑥]也。当王公大人之于此也,则不失尚贤而使能。逮至其国家则不然,王公大人骨肉之亲,无故富贵、面目美好者,则举之,则王公大人之亲其国家也,不若亲其一危弓、罢马、衣裳、牛羊之财与[⑦]。我以此知天下之士君子皆明于小,而不明于大也。此譬犹喑者[⑧]而使为行人[⑨],聋者而使为乐师。

(《墨子·尚贤下》)

注释

①牛羊之财:牛羊这样的财物。财,财物,东西。

②罢马:即疲马、病弱的马。

③危弓:坏弓。

④张:拉开弓弦。

⑤无故富贵:这里指没有功劳而得富贵者。

⑥败财:指毁坏财物。

⑦与:语气词,表示感叹。

⑧喑(yīn)者:哑巴。

⑨行人:外交使者。

译文

现在的王公大人,有一种牛羊之类的东西而不能杀,一定要去找好的屠夫;有一件衣裳之类的物品而不能制作,一定要去找好的裁衣匠。……有一匹病弱的马不能治,一定要去寻找良医;有一张坏弓不能拉开,一定要去寻找好的治弓之人。当王公大人面临这样的问题时,即使他们有骨肉之亲,即使身边有无故而得富贵的人,有面貌美好的人,如果确实知道这些人都不能把事情办好,所以就一定不会使用他们。这是为什么呢?他们担心这些人会毁坏了自己的财物。当王公大人面临这样的问题时,他们不失尚贤而使能。等到他们对待自己的国家时却不这样了,他们的骨肉之亲、无故而得富贵的人、身边那些面貌美好的人,他们都会加以举荐任用。既然是这样,那么王公大人关爱自己的国家,还不如关爱一张坏弓、一匹病弱的

马、一件衣裳、一头牛羊之类的财物。我因此知道天下的士君子都明于小事而不明于大事的道理。这就好比让哑巴来做国家的外交使者,让耳聋的人来做乐师。

尚同篇

概述

“尚贤”与“尚同”，都是针对国家政治混乱而言的。政治混乱的一个很重要的原因，是思想主张众多而不能统一，是非善恶的标准杂乱而不能一致，所以“人是其义，以非人之义，故交相非也”。墨子认为，尚同，即将一切标准逐级统一于上一级“正长”，最后统一于天，因为人类社会生活的最终依据是天。这是墨子“天志”思想在行政上的一个运用。尚同于天的标准并不是盲目的，而是要各自放下那些没有真实依据的一己之见，取法于天。因为天代表的是兼爱，是仁，是义，是爱利万民，只有统一于此，才能有真正的社会行为标准，从而彻底摆脱是非善恶混乱的“交相非”的局面。

古者民始生，未有刑政之时，盖其语，人异义[①]。是以一人则一义，二人则二义，十人则十义，其人兹众，其所谓义者亦兹[②]众。是以人是其义，以非人之义，故交相非也。是以内者父子兄弟作[③]怨恶离散，不能相和合。天下之百姓，皆以水火毒药[④]相亏害[⑤]，至有余力不能以相劳，腐死[⑥]余财不以相分，隐匿良道不以相教[⑦]。天下之乱，若禽兽然。

（《墨子·尚同上》）

注释

①义：意义，此处指见解。

②兹：通“滋”，愈益、更加。

③作：呈现某种状态。

④水火毒药：指如水火毒药般的言行。

⑤亏害：残害、损害。亏，损。

⑥腐死(xiǔ)：腐烂、腐朽。

⑦隐匿良道不以相教：好的道理不能用来教给他人。

〈译文〉

在古代人类刚刚诞生，还没有形成刑法的时候，大概人们说话发表意见，每个人都有不同于他人的见解。所以，有一个人就有一种见解，有两个人就有两种见解，有十个人就有十种见解，人越多，这些所谓的见解也就越多。每个人都认为自己的见解是对的，并以此来否定别人的见解，所以大家互相否定并批评别人。所以，在家庭里面，父子兄弟之间就产生了怨恶而离心离德，不能和睦地生活在一起。天下的百姓都用恶毒的言行相互伤害，以至于有余力也不肯互相帮助，多余的财物即使腐烂了也不肯分给别人，有很好的道理也不教给他人。天下混乱得如同禽兽的世界一样。

万民之所便利而能强从事焉，则万民之亲可得也。其为政若此，是以谋事得，举事成，入守固，出诛胜者，何故之以也？曰：唯以尚同为政者也。

（《墨子·尚同中》）

〈译文〉

使万民皆得利益的事情，如果能勉力为之，那么就可

以得到万民的亲附了。他们能如此执政，所以谋事就能得当，行事就能成功，守卫国家就能牢固，外出诛伐就能得胜，这到底是什么原因呢？答曰：只是以尚同为政而已。

善用刑者以治民，不善用刑者以为五杀[1]。则此岂刑不善哉？用刑则不善。

（《墨子·尚同中》）

注释

①五杀：五种意在杀戮的刑罚。

译文

善于用刑罚的能够凭此治理好百姓，不善于用刑罚的却将其作为五种杀戮的工具。难道这是刑罚不好吗？是用刑不当。

善用口者出好，不善用口者以为谗[1]贼[2]寇[3]戎[4]。则此岂口不善哉？用口则不善也，故遂以为谗贼寇戎。

（《墨子·尚同中》）

注释

①谗:说坏话。

②贼:残害。

③寇:劫掠,侵犯。

④戎:战争。

译文

善于用口才的人能有好结果,不善于用口才的人却会说坏话造成祸患甚至引起战争。难道这是口才不好吗?是用口才不当。

若苟上下不同义,赏誉不足以劝善[1],而刑罚不足以沮暴[2]。

(《墨子·尚同中》)

注释

①劝善:勉励为善。劝,勉励、劝勉。

②沮(jǔ)暴:阻止暴行。沮,终止、阻止。

译文

如果上下级之间的意见不统一,那么在上者所称赏赞誉的人就不足以用来劝勉大家向善,而在上者所惩罚的人就不足以用来阻止人们的暴行。

若苟上下不同义，上之所赏，则众之所非。曰人众与处，于众得非，则是虽使得上之赏，未足以劝乎！

（《墨子 · 尚同中》）

〈译文〉

如果上下级的意见不一致，在上者所赏的，正是民众所非议的。这就是说，民众与他相处，他从民众那里得到的是非议，那么即使他得到在上者的称赏，也并不足以来劝勉民众。

若苟上下不同义，上之所罚，则众之所誉。曰人众与处，于众得誉，则是虽使得上之罚，未足以沮乎！

（《墨子 · 尚同中》）

〈译文〉

如果上下级的意见不一致，在上者惩罚的，正是民众所称誉的。这就是说，民众与他相处，他从民众那里得到的是称誉，那么即使他得到在上者的惩罚，也并不足以来阻止暴行。

知者之事，必计[1]国家百姓所以治者而为之，必计国家百姓之所以乱者而辟[2]之。

（《墨子·尚同下》）

注释

①计：考虑。

②辟：通“避”，避免。

译文

有智慧的人做事情，一定要考虑国家百姓得到治理的原因，然后照此去做；一定要考虑国家百姓产生混乱的原因，从而避免它。

上之为政，得下之情则治，不得下之情则乱。

（《墨子·尚同下》）

译文

在上者治理国家，如果能得到百姓的真实情况，就能

治理得好；如果不能了解百姓的真实情况，就会产生混乱。

上之为政，得下之情，则是明于民之善非也。若苟明于民之善非也，则得善人而赏之，得暴人而罚之也。善人赏而暴人罚，则国必治。

（《墨子·尚同下》）

〈译文〉

在上者治理国家，如果能得到民众的真实情况，就能明白民众的好坏。如果明白民众的好坏，那么就能对善人加以赏赐，对残暴的人加以惩罚。善人得到赏赐而残暴的人得到惩罚，那么国家一定能治理得好。

上之为政也，不得下之情，则是不明于民之善非也。若苟不明于民之善非，则是不得善人而赏之，不得暴人而罚之。善人不赏而暴人不罚，为政若此，国众必乱。

（《墨子·尚同下》）

〈译文〉

在上者治理国家，如果不能得到民众的真实情况，那

么也就不清楚民众的好坏了。如果不清楚民众的好坏，那么也就不能对善人加以赏赐，对残暴的人加以惩罚。如果善人得不到赏赐而残暴的人得不到惩罚，如此为政，国家与民众必然产生混乱。

赏[①]不得下之情，而不可不察者也。

（《墨子·尚同下》）

注释

①赏：后当有一“罚”字。

译文

在上者赏罚时都不了解民众的实情，这是不可以不明察的。

节用篇

概述

墨子的节用是指“强本节用”。司马迁的父亲司马谈在这一点上曾经给予墨子一个非常准确的评价，说这是“人给家足之道”。人给家足，正是墨子的本意。其本质精神是凡事要固本，要不离其本，不可以舍本逐末，由此也可以“得其所自养之情，而不感于外”。所以，无论做什么，“凡足以奉给民用，则止”，“诸加费不加于民利，圣王弗为”。处处着眼于根本，处处着眼于民利，这是墨子强本节用的不可动摇的原则。因为一旦脱离了根本，就必然给社会、给人民带来巨大的经济负担和劳苦，其实也就是伤害了根本。所以，墨子说：“圣人为政一国，一国可倍也；大之为政天下，天下可倍也。”

圣人为政一国，一国可倍[1]也；大之为政天下，天下可倍也。其倍之，非外取地[2]也。因其国家[3]，去其无用之费[4]，足以倍之。

（《墨子·节用上》）

注释

①一国可倍：指一国的财用可增加一倍。

②外取地：指向外掠夺土地。

③因其国家：依托、凭借其国家现有的条件。

④去其无用之费：去掉那些无用的耗费。

译文

圣人治理一个国家，这个国家的财力就可以增加一倍。如果大到治理天下，那么天下的财力就可以增加一倍。这增加的一倍并不是靠向外掠夺土地而得来的。圣人只凭借这个国家现有的条件，去掉那些无益于实用的耗费，就足以使其财力增加一倍。

圣王为政，其发令兴事[1]，使民用财

也，无不加用而为②者。是故用财不费，民德不劳③，其兴利多矣。

（《墨子·节用上》）

注释

①发令兴事：发布政令，兴办事业。

②加用而为：增加其实用价值而为。

③民德不劳：民众能够不劳苦。德，通“得”。

译文

圣王治理国家，发布政令，兴办实业，在役使民众、使用财物方面，无一不是有益于实用才去做的。所以，他使用财物而不浪费，民众不劳苦，而兴起的利益很多。

去无用之费，之①圣王之道，天下之大利也。

（《墨子·节用上》）

注释

①之：“往、至”，这里指走向。

译文

去掉那些无用的耗费，走圣王之道，这是天下的大利啊。

古者明王圣人，所以王天下，正诸侯[①]者，彼其爱民谨忠[②]，利民谨厚[③]，忠信相连[④]，又示之以利。是以终身不餍[⑤]，殁[⑥]世而不卷[⑦]。

（《墨子·节用中》）

注释

①正诸侯：指做诸侯之长。正，长。

②谨忠：诚敬、尽心竭力。谨，恭敬、小心。

③谨厚：谨慎笃厚。

④忠信相连：尽心竭力，信实真诚，以此与民紧密联系在一起。

⑤餍（yàn）：通"厌"，满足。

⑥殁（mò）世：即"没世"，终身。

⑦卷：通"倦"，厌倦。

译文

古代的明王圣人，他们之所以能做天下的帝王，做诸侯的首领，是因为他们爱民竭诚尽力，利民能够谨慎忠厚，尽心竭力，信实真诚，以此与民众紧密联系在一起，又能给民众示范如何做才是有利的。他们对此能够终生都不满足，至死都不会感到厌倦。

古者圣王制为器用之法①曰:“凡天下群百工,轮车②、鞼匏③、陶冶④、梓匠⑤,使各从事其所能⑥。曰:凡足以奉给民用,则止。”诸加费不加于民利者,圣王弗为。

（《墨子·节用中》）

〈注释〉

①器用之法:制作日用器物的法则。

②轮车:制作轮与车的工匠。

③鞼匏(guì páo):制皮革的工匠。鞼,有纹彩的皮革。匏,“鞄”的假借字,指制革工。

④陶冶:制陶与铸造的工匠。

⑤梓(zǐ)匠:木工。

⑥使各从事其所能:使各种做工之人做他们自己所能做的事。

〈译文〉

古代圣王制定的制作器物的法则是:“天下各行各业的工匠,如制作轮车的、制作皮革的、制作陶器的、冶炼五金的、做木工的,使他们各尽其能。原则是:制作器物,只要能够满足民用了就停止。”那些增加了耗费而不能增加民利的事,圣王是不做的。

古者圣王制为饮食之法曰："足以充虚继气①，强股肱②，耳目聪明，则止。"不极五味之调，芬香之和③，不致④远国珍怪异物⑤。

（《墨子·节用中》）

注释

①充虚继气：补充虚损，使血气得以运行。

②强股肱：使身体强健。股肱，大腿和胳膊，代指身体。

③不极五味之调，芬香之和：不要追求五味的调和与味道的芳香。

④致：置办。

⑤珍怪异物：珍贵稀有的食物。

译文

古代圣王制定的饮食法则是："食物足以充饥补气，使四肢强壮、耳聪目明，就够了。"他们不追求美味佳肴，不从远处置办来珍贵稀有的食物。

俛仰①周旋②威仪③之礼，诸加费不加于民利者，圣王弗为。

（《墨子·节用中》）

注释

①俛仰:俯和仰的动作。

②周旋:进退揖让的动作。

③威仪:祭享等典礼中的动作、仪节及待人接物的礼仪。

译文

俯仰、进退揖让以及祭享与待人各方面的烦琐的礼节,这些只能增加耗费而不能增加民利的事,圣王是不做的。

古者圣王制为衣服之法曰:"冬服绀緅之衣[①]轻且暖,夏服絺绤[②]之衣轻且清[③],则止。"诸加费不加于民利者,圣王弗为。

(《墨子·节用中》)

注释

①绀緅(gàn zōu)之衣:指绀、緅这两种深颜色的衣服。绀,天青色、深青透红之色。緅,青赤色。

②絺绤(chī xì):葛布的统称。絺,细葛布。绤,粗葛布。

③清(qìng):凉。

译文

古代圣王制定的穿衣的法则是:"冬天穿深颜色的衣

服，要轻便而且暖和；夏天穿葛布做的衣裳，要轻便而且凉爽。这就可以了。”那些只能增加耗费而不能增加民利的事，圣王是不做的。

其旁可以圉[①]风寒，上可以圉雪霜雨露，其中蠲洁[②]，可以祭祀，宫[③]墙足以为男女之别，则止。诸加费不加民利者，圣王弗为。

（《墨子·节用中》）

注释

①圉(yǔ)：本指养马的地方，这里指防御、抵御。

②蠲(juān)洁：清洁。

③宫：古时房屋的通称。

译文

房屋的四周可以抵御风寒，屋顶可以遮挡雪霜雨露，屋里清洁，可以祭祀，墙壁之高足以使男女分开生活，这样就可以了。那些只能增加耗费而不能增加民利的事，圣王是不做的。

其为食也，足以增气[①]充虚[②]，强体[③]

适腹④而已矣。故其用财节，其自养俭，民富国治。

（《墨子·辞过》）

注释

①增气：增强元气。

②充虚：补充身体的消耗。

③强体：增强体质。

④适腹：适合人们的肠胃，指吃了之后没有不良反应。

译文

他们生产粮食的原则是，只要能增强元气，补充耗费，增强体质，使肠胃舒适，就可以了。所以，他们使用土地物产非常节约，生活非常节俭，因而民众富足，国家太平。

人君为饮食如此，故左右象之。是以富贵者奢侈，孤寡者冻馁。虽欲无乱，不可得也。君实欲天下治而恶其乱，当为饮食，不可不节。

（《墨子·辞过》）

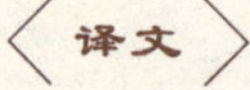

译文

君主的饮食如此奢靡，因而左右都效法他。由此富贵

人家极其奢侈,而孤儿寡妇受冻挨饿。他们虽然也希望天下不乱,却是不可能的。国君如果真的希望天下太平而厌恶天下大乱,那么在饮食上不可不节俭。

故圣人之为衣服,适身体,和肌肤而足矣,非荣耳目而观愚民也。

(《墨子·辞过》)

译文

圣人制作衣服,只要适合身体,使肌肤舒服就可以了,并不是穿在身上让人夸赞漂亮,以此来愚弄百姓的。

当是之时,坚车良马不知贵也,刻镂文采不知喜也。何则?其所道之然。故民衣食之财,家足以待旱水凶饥者,何也?得其所以自养之情,而不感于外①也。是以其民俭而易治,其君用财节而易赡②也。

(《墨子·辞过》)

注释

①感于外:被外物所打动。感,动心。

②赡:供养、供奉。

译文

古时候，车辆坚固，马匹也很好，但是人们不以为高贵；雕刻文采，人们也不感到欢喜。为什么呢？这是圣人教导的结果。所以，人民用于衣食的财物，家家都足够应付水旱灾害的变故。这是为什么呢？因为他们真正懂得如何养活自己，而不被外表的虚荣所打动。所以，那时的人民节俭而容易治理，那时的君王用度有节制而容易供养。

府库实满，足以待不然，兵革不顿①，士民不劳，足以征不服，故霸王之业可行于天下矣。

（《墨子·辞过》）

注释

①顿：毁坏。

译文

仓库充实，足以应付突然的变故。兵甲不损坏，军士和人民不疲劳，足以征伐不顺服的地方，所以可以在天下实现帝王的霸业。

当今之主，其为衣服，则与此异矣。

冬则轻暖，夏则轻清，皆已具矣，必厚作敛于百姓，暴夺民衣食之财，以为锦绣[①]文采[②]靡曼[③]之衣，铸金以为钩[④]，珠玉以为佩[⑤]，女工作文采，男工作刻镂[⑥]，以为身服。此非云益暖之情[⑦]也，单[⑧]财劳力。毕归之于无用也。以此观之，其为衣服，非为身体，皆为观好。是以其民淫僻[⑨]而难治，其君奢侈而难谏也。夫以奢侈之君御好淫僻之民，欲国无乱不可得也。

（《墨子·辞过》）

注释

①锦绣：色彩鲜艳、质地精美的丝织品。

②文采：错杂美丽的花纹色彩。

③靡曼：华美、华丽。

④钩：衣带钩。

⑤佩：指佩饰之物。

⑥刻镂：指在佩带的饰物上雕刻图案。

⑦之情：据文意，这两个字应是“清”字之误。

⑧单：通“殚”，耗尽。

⑨淫僻：放荡淫乱。

译文

当今的君主，他们做衣服与圣人不同。冬天的衣服轻

软温暖,夏天的衣服轻便凉爽,这些都具备了,他们还要向人民横征暴敛,夺取他们的衣食财用,用来做锦绣华美、文采斐然的精致衣物,用黄金做衣带钩,用珠玉做玉珮,妇女精工绣制花纹,男子精工雕刻图案,作为自己身上的服装。这并不是更有益于温暖和凉爽,而是劳民伤财,最后都归之于无用之事。以此来看,他们做衣服,不是为了身体,而是为了好看。所以他们的人民放荡淫乱而难以治理,国君奢侈而难以劝谏。以这样奢侈的国君,去治理那些爱好放荡淫乱的臣民,想要国家不动乱,是不可能的。

姑尝① 厚措敛② 乎万民,以为大钟、鸣鼓、琴瑟、竽笙之声,以求兴天下之利,除天下之害而无补也。

(《墨子·非乐上》)

〈注释〉

①姑尝:假如。

②厚措敛:指加重税收。措敛,即聚敛,指税收。

〈译文〉

如果对人民加重税收,用来制作与演奏大钟、鸣鼓、琴瑟、竽笙的音乐,以这样的方法来求得兴天下之利、除天下之害,是没有任何补益的。